AF208543

H. Dv. **12**

Reitvorschrift
(R. V.)

Vom 18. 8. 1937

Berlin 1937

Verlag von E. S. Mittler & Sohn

© 2020 Xenophon Verlag e. K

Faksimile Nachdruck
Scan der H. Dv. 12 1937
Verlegt bei Mittler& Sohn

H. Dv. **12**

Reitvorschrift

(R. V.)

Vom 18. 8. 1937

Berlin 1937

Verlag von E. S. Mittler & Sohn

Inhaltsverzeichnis.

1*

Teil C. Ausbildung der Pferde.

Teil D. Ausbildung der Reiter.

Einleitung.

Der Krieg fordert vom Reiter die sichere Beherrschung des Pferdes im Gelände, vom Pferd Gehorsam, Gewandtheit und Ausdauer. Diese Anforderungen zu erfüllen, ist das Ziel der Ausbildung von Reiter und Pferd. Dauernden Erfolg wird sie nur haben, wenn alle Vorgesetzten und Untergebenen von der Freude am Reiten und der Liebe zum Pferd beseelt sind.

Der Schwadrons- usw. Chef ist verantwortlich für die gleichmäßige Ausbildung aller Reiter und Pferde in der Schwadron usw., für die Erhaltung des Pferdematerials auf lange Sicht und für die Heranbildung von Reitlehrern.

Die Regiments-, Abteilungs- und Bataillons-Kommandeure sind verantwortlich für die Reitausbildung der Offiziere und überwachen die Reitausbildung in den Schwadronen usw.

Der Stand der Reitausbildung wird überprüft durch Besichtigungen, bei denen vor allem festzustellen ist, ob das Endziel der Ausbildung, nämlich die sichere Beherrschung des Pferdes im Gelände, erreicht ist. Solche Prüfungen werden ergänzt durch Vergleich der Zahlen vorgestellter Reiter und Pferde mit den Stärken.

Auch bei großen Anstrengungen läßt sich ein Bild gewinnen von dem Stand der Reitausbildung. Sie muß sich dahin auswirken, daß die Zahl der vorübergehend ausfallenden Pferde gering bleibt.

Teil A.

I. Allgemeines.

1. Ort der Ausbildung.

Der Reitunterricht findet auf dem Reitplatz, im Gelände und in der Reitbahn statt.

Im Verlauf der ganzen Ausbildung müssen sich Unterricht in der Bahn bzw. auf dem Reitplatz und im Gelände ergänzen.

Sooft wie möglich muß der Reitunterricht aller Abteilungen ins Gelände verlegt werden. Dort werden Reiter und Pferd auf langen Linien und über unebenem Boden ausgebildet. Diese Unterrichtsform ist für Rekruten und Remonten besonders wichtig. Im Gelände kann mit dem Reiten auch anderer Dienst verbunden werden. Hier können auch alle Abteilungen einer Schwadron usw. gleichzeitig gehen, wodurch Zeit gespart wird.

2. Der Reitlehrer.

Der Reitlehrer muß seine Aufgabe nicht nur theoretisch, sondern auch praktisch beherrschen. Lehrer von Remonteabteilungen müssen selbst junge Pferde zugeritten haben.

Der Reitlehrer hat auf folgende Punkte zu achten:

Jeder Unterrichtsstunde muß eine vorher durchdachte Zeiteinteilung zugrunde gelegt werden. In den einzelnen Reitstunden müssen sich die Übun-

gen in jachgemäßer Weise folgen und vom Leich=
teren zum Schwereren fortschreiten. Die in den
Abschnitten „Junge Remonten", „Pferde im 2. Jahr"
und „Rekruten" gegebenen Ausbildungspläne geben
einen Anhalt für weitere Zeiteinteilungen, die sich
der Reitlehrer machen muß.

Überraschend auftretende Schwierigkeiten in der
Dressur werden den Reitlehrer öfter veranlassen,
von der vorher geplanten Einteilung der Reitstunde
bewußt abzuweichen.

Eine gründliche und deshalb langsam fortschrei=
tende Arbeit ist geboten. Es ist aber falsch, nicht eher
weiterzugehen, bevor das Erreichte vollständig allen
Ansprüchen genügt. Man muß berücksichtigen, daß
die späteren Übungen auch die vorhergehenden ver=
bessern.

Im Vordergrund der Arbeit steht die L o s =
g e l a s s e n h e i t bei Reiter und Pferd. Erst wenn
diese erreicht ist, dürfen Übungen in der Versammlung
vorgenommen werden.

Ein Aneinanderreihen vieler schwieriger Übungen
ruft beim Reiter Steifheit hervor und veranlaßt ihn,
sich festzuziehen; beim Pferde sind schwunglose Gänge
die Folge. Besonders bei Rekruten und jungen
Remonten sind kurzes Arbeiten, häufiges Rühren
und Absitzen zur Schonung der Reiter oder Pferde
erforderlich.

Der Neigung der Reiter, sich meist in kurzen,
schwunglosen Gängen zu bewegen und nur die für
sie bequemsten, das Pferd jedoch wenig fördernden
Übungen zu reiten, muß entgegengewirkt werden.

R u h e p a u s e n, die oft, besonders nach schwie=
rigen Übungen und gegen Schluß der Stunde ein=
zulegen sind, dienen der Erholung der Pferde. Diesen
ist dann völlige Zügelfreiheit zu gewähren.

Beim Reitunterricht sind nur kurze, schlagwort= artige **Anweisungen** am Platz. Längere Be= lehrungen gehören in den Dienstunterricht, der ge= legentlich in der Reitbahn unter Zuhilfenahme eines gesattelten und gezäumten Pferdes erfolgen kann. Sind ausnahmsweise längere Erklärungen während des Reitunterrichts nötig, so läßt der Lehrer halten oder versammelt seine Schüler, auch abgesessen, um sich.

Eine frische, abwechslungsreiche, jedes Schema ver= meidende **Lehrart** schafft aufmerksame, selbsttätige und passionierte Schüler, eine Vorbedingung für einen erfolgreichen Unterricht. Überlautes Komman= dieren und viel Sprechen stumpfen ab. Lob und An= erkennung fördern die Ausbildung oft mehr als Tadel.

Der Reitlehrer ist zugleich **Erzieher**. Er prüft öfters Anzug der Reiter, Aussehen und Putzzustand der Pferde sowie Sattelung und Zäumung. Der Reitlehrer muß bei seinen Schülern Sinn für das Pferd und seine Eigenschaften entwickeln. Er hat auf Wahrung militärischer Haltung der Reiter be= dacht zu sein, ohne je das Ziel, sie zur vollen Ge= schmeidigkeit auszubilden, aus dem Auge zu ver= lieren.

Der Reitlehrer wählt seinen Platz (s. Bild 1) so, daß er die Reiter nicht nur von der Seite, son= dern häufig auch von vorn und von hinten sieht. Von vorn und hinten kann er am besten die Fuß= setzung des Pferdes und den Aufbau des Reiter= oberkörpers überwachen. In der Bahn steht er daher im allgemeinen an der kurzen Wand oder beim Zirkelreiten an der Mitte der langen Wand. Im Gelände wählt er zu Fuß seinen Platz so, daß er seine Reiter mit der Stimme erreichen kann.

Bild 1.

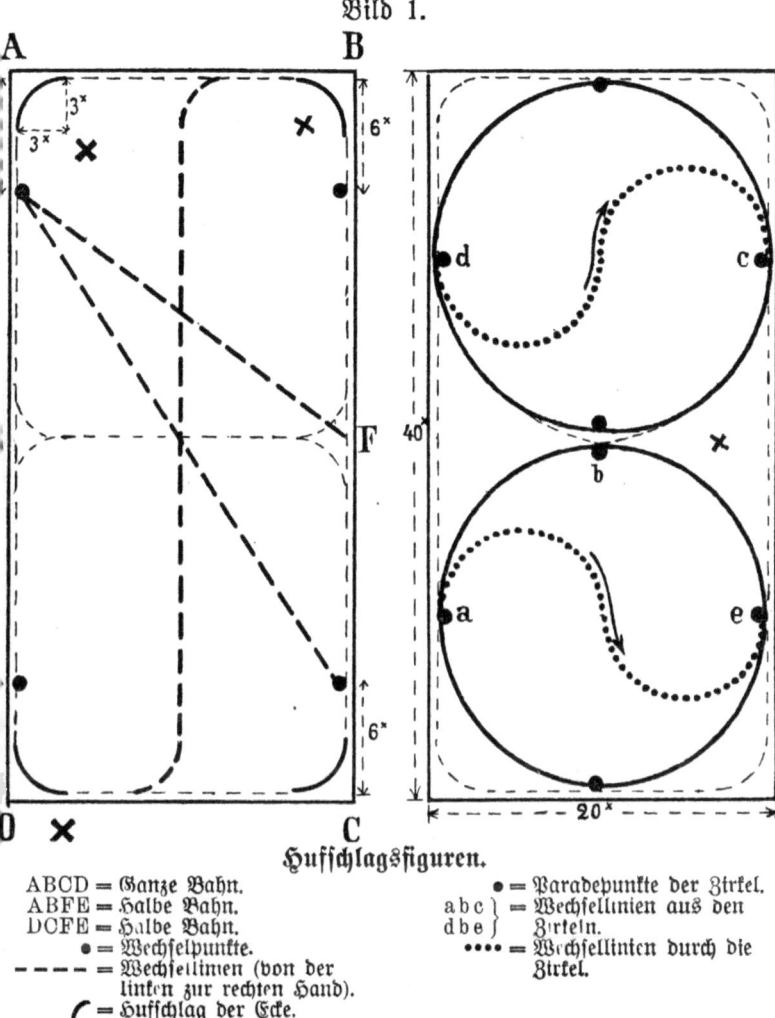

Hufschlagsfiguren.

ABCD = Ganze Bahn.
ABFE = Halbe Bahn.
DCFE = Halbe Bahn.
  • = Wechselpunkte.
− − − = Wechsellinien (von der
     linken zur rechten Hand).
  (= Hufschlag der Ecke.
  × = Geeigneter Platz des Reit-
     lehrers.
EF = Halbe Bahnpunkte.

  • = Paradepunkte der Zirkel.
a b c } = Wechsellinien aus den
d b e } Zirkeln.
•••• = Wechsellinien durch die
    Zirkel.

6

6ˣ
Rehrtwendung

6ˣ
Volte

Acht

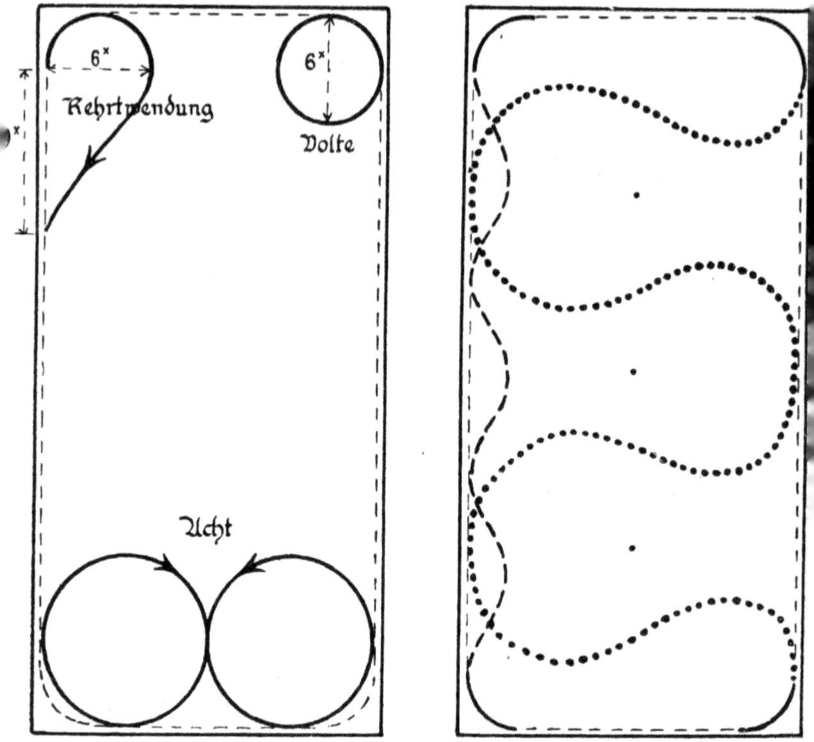

Hufschlagsfiguren.

– – – = Schlangenlinie an der
langen Wand.
•••• = Schlangenlinie durch die
Bahn.

Reitet er felbft mit ihnen durchs Gelände, dann
reitet er meift hinter, feltener vor dem Rudel feiner
Reiter.

Der Reitlehrer steht zu Beginn einer Besichtigung einen Schritt rechts seitwärts der Abteilung in Höhe der Reiter. Er gibt das Kommando zum Abreiten vor der Mitte der Abteilung mit der Front dorthin. Im übrigen hält sich der Reitlehrer in der Nähe des besichtigenden Vorgesetzten auf. Nach Beendigung der Besichtigung nimmt er seinen Platz auf dem rechten Flügel der aufmarschierten Abteilung ein.

3. Bezeichnungen.

Grundlinie ist eine Linie, die man sich durch die Vorderhufe des richtig aufgestellten Pferdes des Mittelreiters gezogen denkt.

Abstand ist die Entfernung vom Schweif eines Pferdes bis zum Kopf des ihm folgenden. Die Abstände werden nach Schritten (80 cm) und nach Pferdelängen (3 Schritt) gemessen.

Zwischenraum ist die seitliche Entfernung zweier nebeneinander befindlicher Reiter, von Bügel zu Bügel gemessen.

Aufstellung der Abteilung erfolgt mit 3 Schritt Zwischenraum. Abweichungen sind zu befehlen.

Fühlung haben die Reiter, wenn sich ihre Bügel berühren.

Das nötige Maß der **Seitenrichtung** ergibt sich durch richtiges Aufstellen der Pferde auf der Grundlinie.

Fühlung und Richtung sind von jedem Reiter ohne weiteres zu nehmen.

Man reitet auf der **rechten (linken) Hand**, wenn die rechte (linke) Seite dem Inneren der Bahn (Reitplatz) zugewandt ist.

Inwendige oder innere Seite ist bei gerade=
aus gestelltem Pferd die nach dem Inneren der
Bahn zeigende, sonst diejenige, nach der das Pferd
gestellt ist; auswendige oder äußere Seite ist
die entgegengesetzte.

Halbe Paraden sind Einwirkungen des Rei=
ters, durch die das Pferd entweder nur für den
Augenblick verhalten, versammelt, zum Mäßigen des
Tempos oder zum Übergang in eine kürzere Gang=
art veranlaßt wird.

Ganze Paraden bringen das im Gange be=
findliche Pferd zum Halten.

Tempo bedeutet die Geschwindigkeit, mit der
das Pferd eine bestimmte Strecke in einer bestimmten
Gangart zurücklegt.

Takt nennt man die gleichmäßige Zeitfolge und
gleichbleibende Länge der Tritte und Sprünge des
Pferdes innerhalb eines bestimmten Tempos.

4. Durcheinanderreiten, Einzelreiten.

Das Durcheinanderreiten bildet im Reit=
unterricht die Regel. Es ermöglicht dem Reitlehrer
sowie dem Reiter die Auswahl der für einen be=
stimmten Zweck und zu einem bestimmten Zeitpunkt
günstigsten Gangarten, Übungen und Tempos. Zur
ersten Erzielung der Losgelassenheit und Erlernung
neuer Übungen muß diese Form der Ausbildung
immer angewandt werden.

Der Reitlehrer befiehlt dabei durch Zurufe, die der
Kommandotabelle (Ziff. 5) entnommen sein können,
entweder der Abteilung oder einzelnen Reitern
Gangart, Tempos und Übung.

Er ordnet ferner an, auf welcher Hand geritten
wird. Beim Zirkelreiten wird dabei meist auf jedem
der beiden Zirkel auf einer anderen Hand geritten.

Der Reitlehrer kann auch beim Durcheinanderreiten vorübergehend das Halten von Abständen
fordern. Es hat gegenüber dem Abteilungsreiten den
Vorteil, daß die Reiter weiter rühren und daß damit
die Gefahr des Versteifens herabgemindert wird. Auch
können so einzelne Pferde, die für das Abteilungsreiten noch nicht reif sind, herausgenommen werden.

Beim Durcheinanderreiten muß der Reiter folgende
Bahnregeln beachten: Freihalten des Hufschlags im
Halten und Schritt, Ausweichen rechts, kein Kreuzen
beim Vorbeireiten.

Beim Einzelreiten kann entweder der Reiter
sich selbst eine Folge von Übungen auswählen, oder
sie werden vom Reitlehrer bestimmt. Beim ersteren
Verfahren wird der Reiter zum reiterlichen Denken
erzogen, im letzteren werden erhöhte Anforderungen
an den Gehorsam des Pferdes gestellt. Diese Anforderungen sind besonders hoch, wenn die Masse der
anderen Pferde an anderer Stelle geschlossen hält.
Solche Erschwerung ist daher überall da nicht am
Platz, wo bei mangelndem Ausbildungsstand von
Reiter und Pferd die Gefahr entsteht, daß der Reiter
infolge des Herdentriebs der Pferde und zahlreicher
Wendungen zum überwiegenden, daher falschen Gebrauch der Zügelhilfen verleitet wird. Dagegen sind
im Einzelreiten Übungen, die zur Kriegsbrauch-
barkeit gehören, wie Herausreiten aus der Abteilung auf bestimmte Punkte zu, im Gelände auch
Übergang in niedere Gangart und Halten bei sich
entfernendem Rudel in allen Abteilungen dauernd
zu üben (siehe auch Ziffer 44).

5. Ausbildung in der Abteilung. Kommandos.

Voraussetzung für das Abteilungsreiten auf Kommandos ist Losgelassenheit der Pferde sowie gleich-

mäßige, durch vorherige Einzelausbildung erzielte
Beherrschung der zu kommandierenden Übungen von
Reiter und Pferd. Das Reiten in der Abteilung
erfordert genaues Halten von Abstand und Tempo,
festigt die reiterliche Disziplin, ist ein Prüfstein für
die Gleichmäßigkeit des Ausbildungsstandes, eignet
sich zur Vorstellung und als Vorbereitung für die
Verbandsausbildung. Reiten besonders langer und
schwieriger Übungen in der Abteilung wirkt schädlich
für die Losgelassenheit von Reiter und Pferd. Es
ist daher zu unterlassen.

Die Aufstellung einer Abteilung erfolgt mit der
Front zur langen Seite. Die Pferdeköpfe bleiben
hinter der Mittellinie des Vierecks. Der Mittelreiter
hält auf dem Hufschlag der halben Bahn. Alle Pferde
stehen senkrecht zur Grundlinie.

In der abgesessenen Abteilung berichtigt der
Reiter die Stellung seines Pferdes in der beim Vor=
führen angegebenen Weise (Ziffer 7).

Der Reitlehrer prüft die Aufstellung einer Abtei=
lung zunächst von vorn, um sich von der Erfüllung
der Hauptforderung, senkrechtem Stehen der Pferde
zur Grundlinie und richtigem Zwischenraum der
Reiter, zu überzeugen. Dann erfolgt die Prüfung
der Seitenrichtung.

Kommando.	Zweck u. Ausführung.
Aufsitzen! Absitzen!	Erfolgt im Rühren. Ausführung s. Ziff. 8.
Zügel in die linke Hand!	Auf Trense zum Prüfen der Selbsthaltung.
Faßt Trensen an! Trensen durchziehen!	} Ausführung s. Ziff. 13.

Kommando.	Zweck u. Ausführung.
Leichttraben! Aussitzen!	Ausführung f. Ziff. 17 u. 18.

Abteilung (usw.) zu einem rechts (links) brecht ab — Marsch!

Der rechte (linke) Flügelreiter reitet im Schritt geradeaus an; ebenso verfahren alle übrigen Reiter nacheinander, sobald ihr rechter (linker) Nebenreiter mit der Kruppe seines Pferdes eine Pferdelänge über den Kopf ihres Pferdes vorgerückt ist; alle Reiter sehen geradeaus. Drei Schritt vor dem Hufschlag wendet jeder Reiter in einer Viertelvolte rechts (links) und folgt dem Vorderreiter. Jeder Reiter hat dann einen Abstand von zwei Pferdelängen.

Anfang rechts (links) dreht, links (rechts) marschiert auf — Marsch!

Zweck: Aufmarsch zur Abteilung mit 3 Schritt Zwischenraum. Kleinere oder größere Zwischenräume sind im Ankündigungskommando besonders anzugeben (z. B. „mit x Schritt" oder „ohne Zwischenraum").

Ausführung: Auf: Marsch! wendet der

2*

Kommando.	Zweck u. Ausführung.
	erste Reiter in die Bahn und reitet senkrecht auf die gegenüberliegende Seite zu. Die folgenden Reiter reiten eine reichliche Pferdelänge über den Punkt, wo ihr Vorderreiter in die Bahn abgewendet hat, hinaus und verfahren wie dieser. Auf: Anfang — Halt! pariert der erste Reiter sein Pferd und stellt es senkrecht zur gegenüberliegenden Seite hin. Die übrigen Reiter reiten in unverändertem Tempo bis in die Höhe der Kruppe ihres rechten (linken) Nebenpferdes und rücken, aus dem Trabe oder Galopp zum Schritt übergehend, in die Richtung ein.
Auf der rechten (linken) Hand rechts (links) abgebrochen, Abteilung bilden — Gangart!	Zweck: Bilden der Abteilung nach dem Durcheinanderreiten.
Abteilung (mit x Schritt Zwischenraum) hinter mir sammeln — Gangart!	Zweck: Sammeln. Richtung ist nach dem als Erster hinter dem Reitlehrer Ankommenden zu nehmen. Neben ihm ver-

Kommando.	Zweck u. Ausführung.
	teilen sich die anderen Reiter gleichmäßig nach rechts und links mit drei Schritt Zwischenraum, wenn nichts anderes befohlen wird.
Anfang rechts (links) schwenkt — Marsch! Auf dem Viereck geritten!	Zweck: Der Reitlehrer leitet durch dieses Kommando den Anfang auf den gewünschten Hufschlag.
Halbe Bahn!	Übergang zur halben Bahn.
Ganze Bahn!	Übergang zur ganzen Bahn.
Auf dem Zirkel geritten!	Der erste Reiter geht vom nächsten Paradepunkt auf die Zirkellinie über, die übrigen Reiter folgen an derselben Stelle.
Auf zwei Zirkeln geritten!	Hierbei muß der erste Reiter für den zweiten Zirkel bestimmt sein.
Auf einen (x) Schritt Abstand aufgerückt — Gangart!	Ausführung: Soll der Anfang die Gangart (Tempo) beibehalten, so erfolgt das Aufrücken in der nächst höheren Gangart (Tempo). Soll er halten oder die Gangart (Tempo) verkürzen, so erfolgt das nebenstehende Kommando.
Anfang Halt (Schritt, Trab)!	

Kommando.	Zweck u. Ausführung.
Vorwärts (x Schritt) Abstand genommen — Gangart!	**Ausführung:** Abstandnehmen nach vorwärts erfolgt stets in der nächst höheren Gangart (Tempo).
Durch die ganze (halbe) Bahn wechseln!	Kommando erfolgt, bevor der erste Reiter auf der kurzen Seite an die Ecke kommt. Im Galopp wird nur im verkürzten Arbeitstempo gewechselt.
Durch die Länge der Bahn wechseln!	Kommando erfolgt, wenn der erste Reiter sich der zweiten Ecke der langen Wand nähert.
Aus dem Zirkel (den Zirkeln) wechseln!	Vom ersten Reiter ab geht jeder Reiter am Paradepunkt der offenen Seite auf die Zirkellinie des anderen Zirkels über. Beim gleichzeitigen Reiten auf zwei Zirkeln weichen sich die Reiter auf der rechten Hand rechts, auf der linken Hand links aus.
Durch den (die) Zirkel wechseln!	Die Reiter wenden vom ersten Reiter ab vom Paradepunkt vor der offenen Seite in den Zirkel.
Zirkel verkleinern — vergrößern!	Ausführung s. Ziff. 23.

Kommando.	Zweck u. Ausführung.
Viereck verkleinern — vergrößern!	Ausführung f. Ziff. 32.

Anfang Schlangen= linie an der lan= gen Wand! **Anfang Schlangen= linie durch die Bahn!**	Die Kommandos werden vor der ersten Ecke der langen Wand gegeben. Der erste Reiter beginnt die Schlangenlinie nach dem Durchreiten dieser Ecke. Die Übung kann mit und ohne Umstellen geritten werden. Um= stellen erfolgt beim Ein= gehen in jeden neuen Bogen. Die Zahl der Bogen richtet sich nach der Größe der Bahn und dem Ausbildungs= grad von Reiter und Pferd (f. Ziff. 25).
Volte — Marsch!	Ausführung: Auf Marsch wendet der Reiter sein Pferd vom Hufschlag zur Volte ab und kehrt am Punkte des Abwendens auf den Hufschlag zurück.
Abteilung kehrt — Marsch!	Jeder Reiter wendet auf einer halben Volte in die Bahn und reitet dann nach einem Punkt des Hufschlages zurück, der drei oder bei größerem

Kommando.	Zweck u. Ausführung.
	Durchmesser der halben Volte entsprechend mehr Pferdelängen rückwärts des Anfangspunktes der Kehrtwendung liegt.
	Das Ausführungskommando in der Abteilung erfolgt zweckmäßig derart, daß der erste Reiter die Volte oder die Kehrtwendung in die erste Ecke der kurzen Seite legen kann.
	Volten und Kehrt= wendungen werden in der Abteilung nur im Schritt geritten. (Siehe Ziff. 24.)
Anfang (aus der Ecke) — Kehrt!	Die Kehrtwendung wird von dem ersten Reiter ab aus= geführt. Kommando er= folgt vor der ersten Ecke der kurzen Seite. (S. Ziff. 24.)
Die Pferde rechts (links) biegen!	Siehe Ziff. 30.
Die Pferde rechts (links) stellen!	Das Reiten in Stellung wird begonnen (s. Ziff. 33).
Ohne Umstellen!	Das Kommando erfolgt vor den Kommandos zum Wechseln auf die andere

Kommando.	Zweck u. Ausführung.
	Hand. Die bisherige Stellung wird auf der neuen Hand beibehalten und dadurch in Außenstellung geritten.
	Als Kommando zum Außengalopp mit einzelnen Pferden siehe Ziff. 19.
Die Pferde geradeaus stellen!	Das Reiten in Stellung (das Biegen) wird beendet.
Rechts (l.) um — Marsch!	Wendung im Gange (s. Ziff. 21).
Auf der Vorhand rechts (l.) um (umkehrt) — Marsch!	Wendung auf der Vorhand (s. Ziff. 20).
Rechts (l.) um (umkehrt) — Marsch!	Wendung auf der Hinterhand (s. Ziff. 20).
Kurzkehrt — Marsch!	Siehe Ziff. 26.
Die Pferde dem rechten (l.) Schenkel weichen lassen!	S. Ziff. 31.
Schulterherein — Marsch!	S. Ziff. 34.
Anfang Schulterherein!	
Geradeaus! Anfang geradeaus!	Beendigt Schenkelweichen und Schulterherein.

Kommando.	Zweck u. Ausführung.
Abteilung (usw.) — Halt!	Übergang aus der Bewegung zum Halten, ganze Parade (Ziff. 27).
Abteilung (usw.) — Marsch! (aus dem Halten)	Übergang vom Halten zum Schritt. 125 × in der Minute.
Abteilung — Schritt! (aus höherer Gangart)	

Abteilung im Arbeitstempo — Trab!	Arbeitstempos z. B. als Wechsel mit freieren Tempos in solchen Abteilungen, die keinen verkürzten Arbeitstrab und verkürzten Arbeitsgalopp gehen dürfen (s. Rem. u. Refr.).
Abteilung im Arbeitstempo Galopp — Marsch! (aus einer andern Gangart u. dem Halten)	
Abteilung im verkürzten Arbeitstempo — Trab!	Verkürzte Arbeitstempos als Wechsel mit freieren Tempos bei Abteilungen, bei denen es gem. Plänen vorgesehen ist. Kürze des Tempos richtet sich nach dem am wenigsten versammelten Pferde in der Abteilung.
Abteilung im verkürzten Arbeitstempo Galopp — Marsch! (aus einer andern Gangart und dem Halten)	
Arbeitstrab!	

Kommando.	Zweck u. Ausführung.
Arbeitsgalopp! (aus verkürzten Arbeits= tempos)	
Im verkürzten Ar= beitstempo! (aus Arbeits= und Mit= teltrab, bzw. Ar= beits= und Mittel= galopp)	
Abteilung — Mittel= trab! (aus einer an= bern Gangart und dem Halten)	Mitteltrab = 300 × in der Minute.
Mitteltrab! (aus dem Arbeits= u. verkürz= ten Arbeitstempo)	
Stärker! (aus dem Mitteltrab)	Starker Trab nur mit einzelnen Pferden (siehe Ziffer 75 letzter Absatz).
Kürzer! (aus dem starken Trab)	Mitteltrab.
Mittelgalopp! (aus dem Arbeits= und verkürzten Arbeits= galopp)	Mittelgalopp = 350 × in der Minute.
Im Arbeitstempo! (aus Mitteltrab und Mittelgalopp)	Arbeitstrab und Arbeits= galopp.

Kommando.	Zweck u. Ausführung.
Schwadron, Batterie, Zug, Geschütz usw. — Trab! (aus einer andern Gangart u. dem Halten)	Gebrauchstempo: 275 × in der Minute. Leichttraben ohne besonderes Kommando.
Schwadron usw. Galopp — Marsch! (aus einer andern Gangart und dem Halten)	Gebrauchstempo: 500 × in der Minute. (Ausnahme f. Ziff. 56.)
Stärker! (aus dem Gebrauchsgalopp)	Verstärkung des Gebrauchsgalopps nur im Gelände. Tempo richtet sich nach Lage und Gelände. Es beträgt etwa 700 × in der Minute.
Kürzer! (aus dem verstärkten Galopp)	Gebrauchsgalopp.
Abteilung (usw.) x Schritte rückwärts richt Euch—Marsch! Halt! (od. Gangart)	Ausführung f. Ziff. 28.

| **Stillgesessen!** | Der Reiter stellt sein Pferd an die Zügel und nimmt die vorgeschriebene Haltung ein. Bewegungen, die erforderlich sind, rich= |

Kommando.	Zweck u. Ausführung.
	tig auf das Pferd einzuwirken, sind ihm gestattet.
Richt Euch!	Alle Reiter, mit Ausnahme des rechten Flügelreiters, nehmen die Augen rechts und verbessern die Richtung durch Vor- oder Rückwärtsrichten. Muß der seitliche Abstand verbessert werden, so geschieht dies durch aufeinanderfolgende Teilwendungen auf der Vor- und Hinterhand (siehe Ziff. 20).
Rührt Euch!	Der Reiter bleibt aufrecht sitzen, doch ist ihm freiere Bewegung gestattet. Das Pferd befindet sich dabei: im Halten und Schritt am langen Zügel oder auf Zuruf mit hingegebenem Zügel, im Trab und Galopp in der Gebrauchshaltung.
Stillgesessen! Augen rechts! (Die Augen links!)	Ehrenbezeigung einer haltenden u. marschierenden Abteilung.
Beendigung: Augen geradeaus! Rührt Euch!	

6. Sattelung und Zäumung.

Nur auf einem richtig gebauten und gut liegenden Sattel kann der Reiter richtig sitzen und einwirken.

Gute und schlechte Zäumung haben weitgehenden Einfluß auf die Willigkeit und damit auf die Dressur des Pferdes.

Sattelung.

Bild 2.

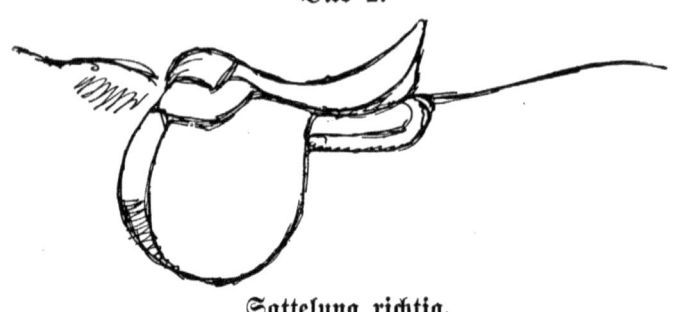

Sattelung richtig.

Ein gut verpaßter Sattel liegt mit seinen überall gleichmäßig auf den Rippen aufliegenden Trachten

Bild 3.

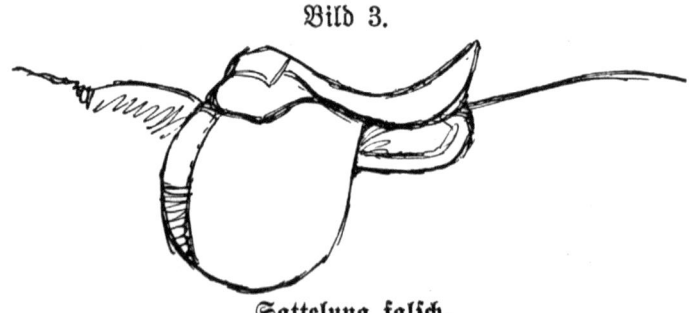

Sattelung falsch.

an den Schulterblättern an. Die beiden Enden der
Trachten sollen dabei vom Pferdekörper etwas ab=
gebogen sein und mit ihren oberen Kanten nirgends
den Rücken klemmen, namentlich nicht am Wider=
rist. Zwischen Vorderzwiesel und Woilach muß so
viel freier Raum sein, daß man mit der Hand hin=
einfassen kann, solange der Woilach noch nicht in die
Kammer gezogen ist.

Der tiefste Punkt der Sitzfläche muß in der Mitte
des Sattels liegen. Beim Verpassen ohne Sitzkissen
liegt der tiefste Punkt zwischen dem 3. und 4. Schnür=
loch des Sattelbocks.

Der sechs= oder neunfach zusammengelegte Woilach
ist so auf den Rücken des Pferdes aufzulegen, daß er
vorn etwa eine Handbreit über den Sattel hervor=
ragt und zu beiden Seiten des Widerristes gleich tief
herabhängt. Die offenen Enden des Woilachs
müssen nach links unten und hinten liegen.

Zäumung auf Trense.

Die Trense ist so zu verpassen, daß das Gebiß (d)
an den Maulwinkeln anliegt, ohne diese hochzu=
ziehen. Das Schnallstück (g) liegt auf der Mitte
des Genicks, der Stirnriemen (k) dicht unterhalb der
Ohren, am Pferdekopf bequem anliegend; die Backen=
stücke (b) liegen etwa 40 mm breit hinter der Joch=
beinleiste. Der Kehlriemen (c) ist so weit geschnallt,
daß bei beigezäumtem Pferde zwischen ihm und
dem Kehlgange die flache Hand Platz hat.

Das Kopfstück (a), der Kinnriemen (e) und der
Nasenriemen (f) der Halfter sind in kleine Ringe
(h) eingenäht; ein kleiner Verbindungssteg (i) ver=
hindert das Herabfallen des Nasenriemens. Dieser
muß so kurz sein, daß die beiden Ringe vor den
Backenstücken der Trense liegen.

Das Kopfstück der mit der Trense zu vereinigenden Reithalfter wird unter den Backenstücken der Trense durch die Stirnriemenschlaufen hindurchgezogen.

Bild 4.

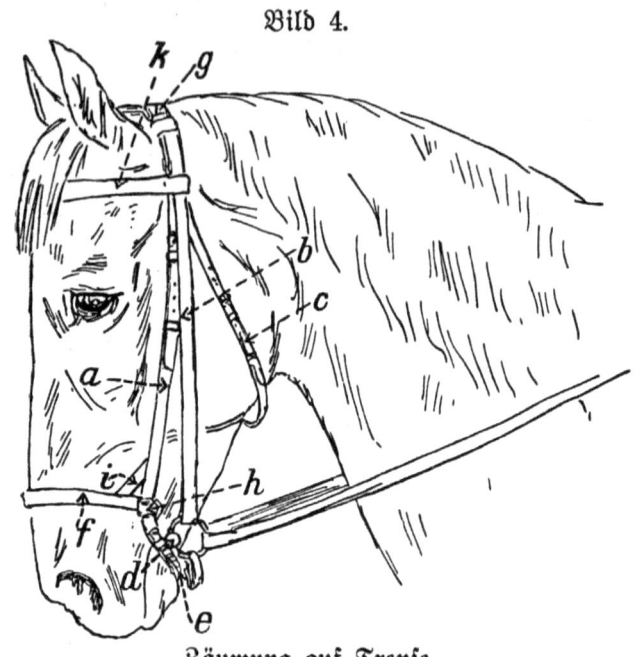

Zäumung auf Trense.

a = Kopfstück.	f = Nasenriemen.
b = Backenstücke.	g = Schmalstück.
c = Kehlriemen.	h = Kleine Ringe.
d = Gebiß.	i = Verbindungssteg.
e = Kinnriemen.	k = Stirnriemen.

Nach dem Auflegen der Trense wird der Kinn= riemen unterhalb des Trensenmundstücks durchge= zogen und in ein auf der linken Seite in den Ring eingenähtes Schnallstück, dessen Schnalle dicht am Ringe sitzen muß, eingeschnallt. Der Nasenriemen soll etwa 80 mm über dem oberen Nüsternrand liegen, der Kinnriemen nur so eng geschnallt sein, daß das Pferd noch kauen kann.

Zäumung auf Kandare.

Das Hauptgestell des Zaumzeuges 22 liegt so weit hinter den Pferdeohren, daß das Backenstück etwa 40 mm hinter der Jochbeinleiste entlang läuft. Danach richtet sich die Länge des Stirnriemens. Der Nasenriemen liegt 20 mm unter den Jochbeinleisten. Die Schnalle des Kehlriemens, der so lang zu schnallen ist, daß man bei beigezäumtem Pferde die flache Hand zwischen ihn und den Kehlgang stecken kann, liegt etwa auf der Mitte des Backenknochens.

Beim Einschnallen der Kandarenzügel ist zu beachten, daß der um 25 mm kürzere in den rechten Kandarenring geschnallt wird.

Das Trensengebiß liegt an den Maulwinkeln an, ohne diese hochzuziehen.

Die Kandare soll so im Maule des Pferdes liegen, daß das Gebiß sich etwa in gleicher Höhe mit der Kinnkettengrube befindet und die Hakenzähne nicht berührt. Bei Pferden, die sich überzäumen, legt man das Mundstück etwas höher.

Die Breite des Mundstücks ist so zu wählen, daß zu beiden Seiten des Maules vom Mundstück nichts zu sehen ist; auch dürfen die Obergestelle die Lefzen oder Backenhaut nicht zusammendrücken. Andernfalls ist die Kandare entweder „zu weit" oder „zu eng".

Die Obergestelle sind stets etwas nach außen gebogen.

Bei der Wahl des Mundstücks ist zu beachten, ob die Laden breit oder schmal, fleischig oder scharfkantig sind und ob die Zunge dick oder dünn ist. Bei empfindlichen Pferden nimmt man am besten Mundstücke mit geringer Zungenfreiheit, bei weniger empfindlichen Pferden kann man Mundstücke mit größerer Zungenfreiheit anwenden. Auch bei Pfer=

Bild 5.

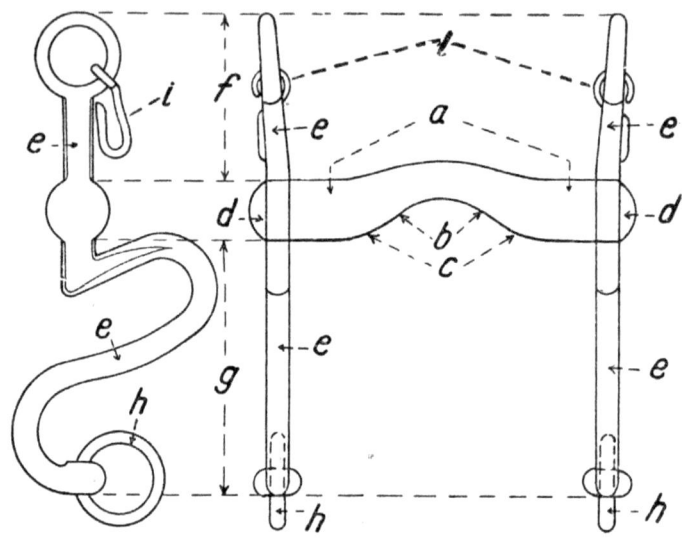

S-Kandare.

a = Mundstück.   f = Obergestell.
b = Zungenfreiheit.   g = Anzug.
c = Ballen.   h = Zügelring.
d = Kappe.   i = Kinnkettenhaken.
e = Seitenteil.

Kinnkette.

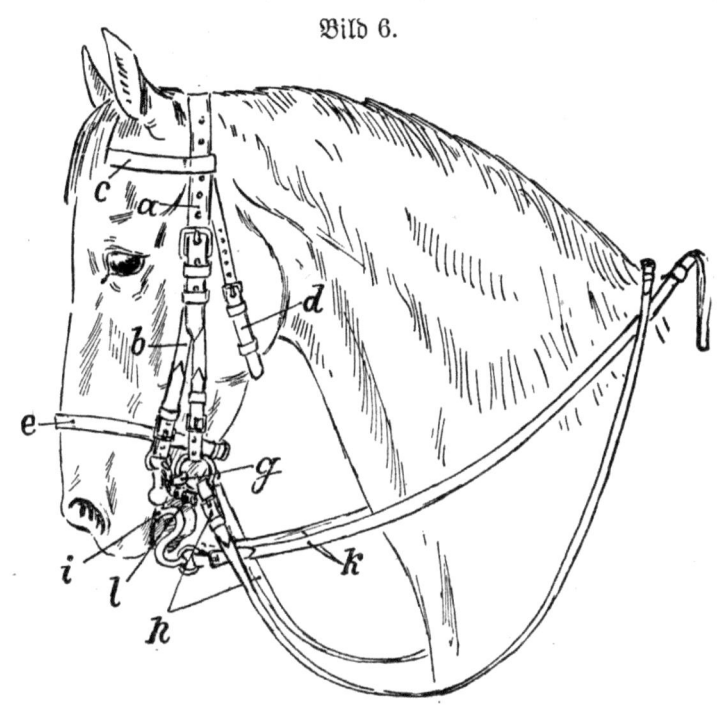

Bild 6.

Zäumung auf Kandare.

a = Kopfstück.	g = Trensengebiß.
b = Backenstück.	h = Trensenzügel.
c = Stirnriemen.	i = Kandare.
d = Kehlriemen.	k = Kandarenzügel.
e = Nasenriemen.	l = Kinnkette.

den, die die Neigung haben, die Zunge über das
Gebiß zu strecken, empfiehlt sich die Verwendung
eines Mundstücks mit größerer Zungenfreiheit.
Mundstücke mit großer Zungenfreiheit beschädigen
leicht die Laden.

3*

Die Kinnkettenhaken, nach außen gebogen, sollen bis auf das Mundstück reichen. Ihre richtige Biegung ist von wesentlichem Einfluß auf eine gute Zäumung. Verbogene oder verwechselte Haken (z. B. rechter Haken im linken Obergestell) führen zu Verletzungen des Pferdemauls.

Die Kinnkette muß nach rechts glatt ausgedreht sein und in der Kinnkettengrube, somit in gleicher Höhe mit dem Mundstück liegen. Sie wird unter dem Trensenmundstück mit dem letzten Glied so in den rechten Haken eingelegt, daß dieses Glied rechts ausgedreht verbleibt und das übrigbleibende Glied auf der linken Seite außerhalb des Hakens herabhängt. Weiter überschießende Glieder werden auf beiden Seiten gleichmäßig verteilt, bei ungerader Zahl kommt die Mehrzahl auf die linke Seite. Erst beim Annehmen der Kandarenzügel soll die Wirkung der Kinnkette eintreten, und zwar an der Stelle, die für die richtige Lage vorstehend angegeben ist. Die Anzüge sollen dann bis zur Halbierungslinie b d des rechten Winkels a b c nach dem Halse des Pferdes zurückgehen können. Gehen die Anzüge hinter die Linie b d zurück, so fällt sie durch. Bleiben die Anzüge in der Verlängerung der Backenstücke stehen oder bewegen sie sich nur in geringerem Maße nach rückwärts, so liegt die Kandare „zu steil" und wirkt fehlerhaft (Bild 7).

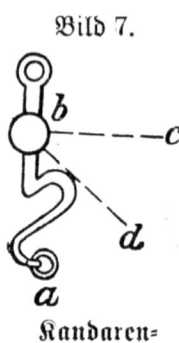

Bild 7.

Kandaren=
winkel.

Bei richtiger Zäumung darf die Kinnkette auf das Annehmen der Zügel nicht aus der Kinnketten= grube steigen. Die Kinnkettenhaken müssen ihre Lage zum Obergestell annähernd beibehalten. Bildet sich zwischen Obergestell und Kinnkettenhaken ein größerer Winkel, so ist die Kinnkette zu kurz; die Lefzen werden in diesem Winkel eingeklemmt und verletzt. Die Kinnkette muß sich dem Unterkiefer des Pferdes durchweg anschmiegen. Dies ist nur bei richtiger Breite des Mundstücks möglich.

7. Führen der Pferde an der Hand.

Auf Trense.

Die rechte Hand ergreift die durch Zeige= und Mittelfinger geteilten Trensenzügel eine Handbreite unterhalb der Ringe, so daß der rechte Trensenzügel etwas mehr ansteht. Die Zügelenden werden in die volle rechte Hand gelegt, Daumen auf den Zügeln.

Der Reiter geht auf der linken Seite des Pferdes im freien Schritt vorwärts. Der rechte Arm ist leicht gekrümmt, der linke wird zwanglos bewegt.

Bei einem Pferde, das nicht gut folgt, geht der Führer seitwärts vor dessen Kopf und sucht es mit gehobener rechter Hand etwas vorwärts zu führen, ohne es anzusehen.

Bei einem heftigen Pferde, das vorwärts eilt, bleibt der Führer an dessen Schulter zurück und sucht es durch sanfte Anzüge der Zügel neben sich zu halten. Wenn das Pferd stark vorwärts drängt, hält der Führer die erhobene linke Hand vor das Gesicht des Pferdes, bis es sich beruhigt.

Schlägt das Pferd mit den Vorder= und Hinter= füßen nach dem Führer, so hält er sich dicht an die Schulter des Pferdes und straft es durch einen Stoß der rechten Hand gegen das Kinn.

Auf Kandare.

Alle vier Zügel liegen auf dem Pferdehalse. Die rechte Hand ergreift über den linken Kandarenzügel hinweg die Trensenzügel und teilt sie mit dem Zeige= und Mittelfinger eine Handbreite unterhalb der Ringe. Im übrigen wird wie auf Trense ver= fahren.

Vorführen eines Pferdes.

In der Höhe des Vorgesetzten angekommen, macht der Vorführende halt, setzt den rechten Fuß einen kleinen Schritt vor und macht auf diesem Fuße rechtsum kehrt gegen das Pferd, wobei er den linken Fuß einen Schritt seitwärts stellt. Die rechte Hand ergreift hierauf den linken, die linke Hand den rechten Trensenzügel, Daumen an den Trensenrin= gen, die Zügelenden bei Zäumung auf Trense werden aufgenommen.

Hierauf wird durch weiches Vorwärtsziehen oder gelinden ein= oder beiderseitigen Druck das Pferd so hingestellt, daß es gerade und gleichmäßig auf allen vier Beinen steht. Der Kopf des Pferdes wird etwas gehoben.

Zum Vorführen des Pferdes tritt der Mann wieder an dessen linke Seite. Auf Trense sind zu= vor die Zügel wie zum Führen zu ordnen und so lang zu nehmen, daß der Gang nicht gestört wird. Beim Zurückführen macht er mit dem Pferde „rechts= um kehrt".

8. Auf= und Absitzen.

Auf Trense.

Zum Aufsitzen macht der neben dem Pferde still= stehende Reiter rechtsum. Die linke Hand ergreift die Zügel, die rechte läßt sie los und empfängt, über den Pferdehals hinweggreifend, den ihr von der linken entgegengereichten rechten Zügel. Die linke Hand faßt den linken Zügel zwischen kleinem und Ringfinger so lang, daß sie bis zum Widerrist zurück= gehen kann, wirft das Zügelende auf die rechte Hals=

seite und empfängt von der rechten Hand den rechten Zügel in voller Hand, so daß er über dem linken liegend links herabhängt.

Dann tritt der Reiter derart rechts seitwärts und so weit zurück, daß er den linken Fuß in den Bügel setzen kann. Die linke Hand ergreift die Mähne. Hierauf erfaßt er mit der rechten Hand den Bügel= riemen, setzt den linken Fuß bis hinter den Ballen in den Bügel und legt das linke Knie an den Sattel, damit die Fußspitze das Pferd nicht berührt. Dann hebt er sich auf dem Ballen des rechten Fußes, er= greift mit der rechten Hand den Hinterzwiesel, hält sich an der Mähne, tritt mit dem linken Fuß in den Bügel, drückt das linke Knie an den Sattel und schnellt sich durch einen kräftigen Abstoß mit dem rechten Fuß unter Vorneigen des Oberleibes in die Höhe. Er bringt dann die rechte Hand als Stütze des Oberleibes an den Vorderzwiesel, hebt das rechte Bein hoch über den Hinterzwiesel und läßt sich weich in den Sattel gleiten. Der rechte Fuß wird in den Bügel gesetzt, die Zügel werden geordnet.

Beim Absitzen wirft der Reiter mit der linken Hand das links herabhängende Zügelende auf die rechte Seite, legt den rechten Zügel über den linken, das Zügelende auf der linken Seite. Dann stützt sich der Reiter mit der linken Hand auf die Mähne, mit der rechten Hand auf den Vorderzwiesel, läßt den rechten Bügel los, tritt in den linken Bügel und lüftet den Sitz. Nach dem Herübernehmen des rechten Beines läßt sich der Reiter federnd auf den rechten Fuß nieder, wobei das linke Knie fest am Sattel liegen bleibt. Hierauf wird der linke Fuß aus dem Bügel herausgehoben und neben den rechten gestellt. Nach einer Linkswendung tritt der Reiter einen Schritt vorwärts, wobei er die Zügel wieder wie zum Führen ordnet.

Auf Kandare.

Beim Aufsitzen wird verfahren wie auf Trense mit Bügeln. Nach dem Schritt rechts seitwärts nimmt der Reiter die Zügel mit durchgezogenen Trensenzügeln leicht anstehend in die linke Hand und legt die Zügelenden auf die rechte Halsseite.

Beim Absitzen werden die Zügel wie beim Aufsitzen geordnet, sonst wird wie auf Trense verfahren.

Rekruten müssen auch lernen, ohne Bügel durch Sprung in den Stütz, linke Hand auf Mähnenkamm, rechte Hand auf Vorderzwiesel, aufzuspringen.

Teil B. Reitlehre.
II. Sitz und Hilfen.
9. Sitz und Haltung des Reiters.
(Siehe Bilder 8—14, 18, 32, 37—45, 48, 51, 52, 54—61.)

Bild 8.

Richtiger Sitz im Halten.

Dem Sitz des Reiters dienen als Grundlagen die beiden Gesäßknochen und der Spalt. Das Gesäß ruht mit losgelassenen Muskeln in voller Breite auf dem Pferderücken. Die Oberschenkel, mit ihrer

Bild 9.   **Bild 10.**

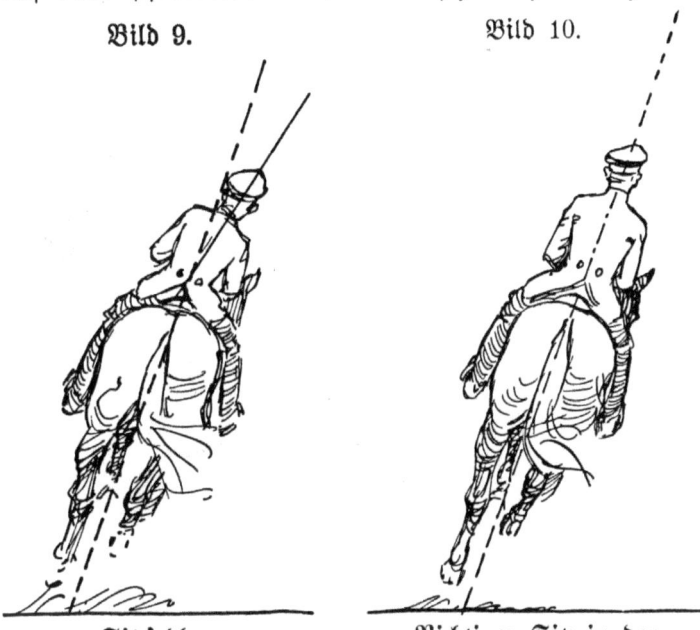

Sitzfehler:
Eingeknickte Hüfte.

Richtiger Sitz in der Wendung.

inneren breiten Fläche anliegend, werden so weit nach innen gedreht, daß das Knie flach am Sattel liegt. Sie werden so weit zurückgenommen, als es mit dem Sitz auf den beiden Gesäßknochen vereinbar ist. Hierdurch wird eine tiefe Lage des Knies erzielt, die von besonderer Wichtigkeit ist, weil sie ein besseres Umfassen des Pferdes ermöglicht und den Reiter tiefer in den Sattel bringt.

Sitzfehler:

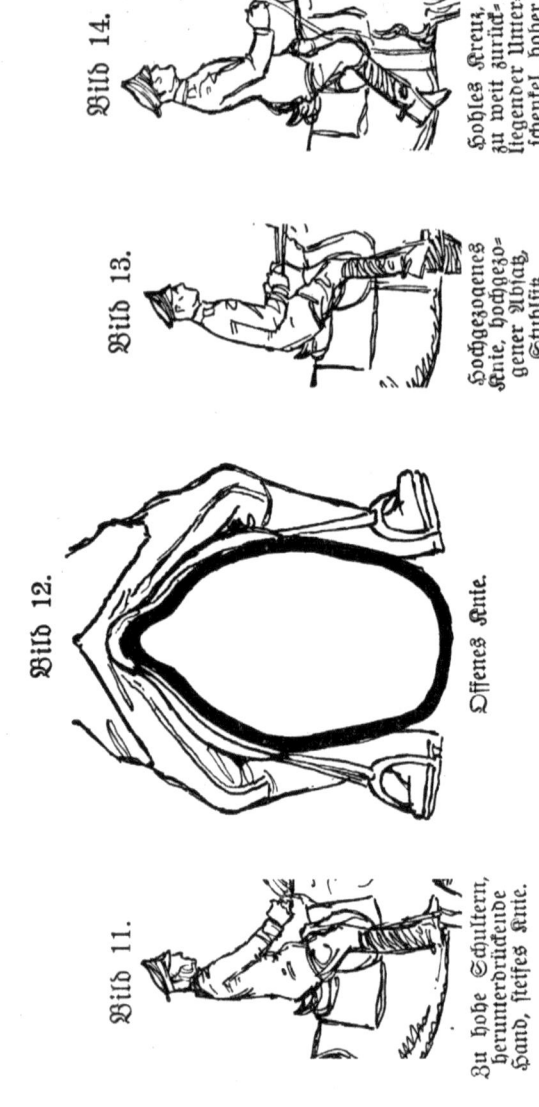

Bild 11.

Zu hohe Schultern, herunterdrückende Hand, steifes Knie.

Bild 12.

Offenes Knie.

Bild 13.

Hochgezogenes Knie, hochgezogener Absatz. Stuhlsitz.

Bild 14.

Hohles Kreuz, zu weit zurückliegender Unterschenkel, hoher Absatz.

Ein Verdrehen der Oberschenkel derart, daß die
Kniescheibe nach außen zeigt, führt zum hohlen oder
offenen Knie, das einen sicheren Sitz nicht gewähr=
leistet (s. Bild 12), Andererseits wird durch einen
übertriebenen einwärts gedrehten Oberschenkel mit
starr angepreßtem Knie die Losgelassenheit des Rei=
ters gefährdet, der Unterschenkel vom Pferdeleib ab=
geschoben und damit seine Einwirkung ausgeschaltet.

Der Oberkörper, vornehmlich auf den beiden
Gesäßknochen ruhend, erhebt sich senkrecht aus den
Hüften, die sich gleich hoch über dem Sattel befinden
und nicht einseitig eingeknickt werden dürfen
(s. Bild 9 u. 10). Das Kreuz wird mäßig angezogen.
Ein Durchbiegen des Rückens (hohles Kreuz) macht
den Sitz steif (s. Bild 14). Die Schultern sind natür=
lich fallen zu lassen und zwanglos so zurückzu=
nehmen, daß die Brust sich wölbt. Der Kopf wird,
ohne das Kinn nach vorwärts zu strecken, frei und
aufrecht getragen, der Blick über den Pferdekopf ge=
richtet. Die Oberarme hängen aus den Schulter=
gelenken herab, ohne angedrückt zu werden (s. Bild 8).
Der mittlere Teil des Unterarms lehnt sich mit
der inneren Fläche leicht an den Leib. Anklemmen
der Ellenbogen hat Hochziehen der Schultern
(s. Bild 11) und eine starre Hand zur Folge, ein
Abspreizen beeinträchtigt Sitz und Führung. Die
Hände werden leicht geschlossen und senkrecht mit
dem mäßig gekrümmten Daumen nach oben so ge=
tragen, daß die äußere Fläche des Unterarms mit
dem Handrücken eine gerade Linie bildet.

Zügel= und Handhaltung sind in Ziffer 13, „Zügel=
haltung und Zügelhilfen" beschrieben.

Die Unterschenkel hängen vom Knie aus je nach
der Länge der Beine des Reiters mehr oder weniger
schräg nach rückwärts am Pferdeleibe herab und

halten mit der flachen Wade weiche Fühlung. Eine durch das Schultergelenk gefällte Senkrechte soll etwa die Ferse treffen. Die Fußspitzen sind in geringem Maße vom Pferde abgewendet. Die Absätze werden leicht herabgedrückt. Krampfhaftes Einwärtsdrehen der Fußspitze ist ebenso fehlerhaft wie ein Verdrehen nach außen.

Die Bügel müssen so geschnallt sein, daß der Reiter ein tiefes Knie und bei tiefem Absatz mit dem Unterschenkel Fühlung am Pferde behalten kann. Zu kurze Bügel ergeben hochgezogene Knie und nach hinten heraus geschobenes Gesäß (Stuhlsitz). Zu lange Bügel verführen den Reiter, mehr auf dem Spalt als auf dem Gesäß zu sitzen (Spaltsitz). Beides ist falsch, weil der Reiter nicht treiben kann. Im Gelände und zu Springübungen werden die Bügel etwas kürzer geschnallt.

Beim Springen (Bilder 37—42) und Reiten im Gelände (Bilder 45, 48, 51) sowie bei der Bearbeitung von Pferden mit schwachem Rücken und schwacher Hinterhand muß die Belastung des Rückens und der Hinterhand vermindert werden. Hierzu neigt der Reiter den Oberkörper ein wenig nach vorn. Er vermindert dadurch den Druck des Sitzknochens auf den Rücken des Pferdes und überträgt das Gewicht durch Oberschenkel und Knie mehr auf die Seiten des Pferdes. Soll dem Rücken beim Springen und beim Reiten über unebenen Boden noch weitere Freiheit bereitet werden, kann sich der Reiter mit erhobenem Kopf und gut nach vorn geschobenen Hüften ein wenig aus dem Sattel heben. Die Unterschenkel müssen auf ihrem Platz verbleiben. Durch festeren Knieschluß und ein wenig verstärkte Steigbügelstütze behält der Reiter die nötige Festigkeit im Sitz. Der Oberkörper darf nicht so weit nach vorn gebeugt werden, daß der Sitz unsicher und die Gewalt über das Pferd vermindert wird.

Hauptsache sind Geschmeidigkeit der Hüften und des Knies. Dieses darf sich mit seiner breiten, inneren Fläche nie vom Sattel entfernen. Losgelassenheit von Schulter-, Ellenbogen- und Handgelenken bewirkt, daß sich die Bewegungen des Körpers nicht auf die Hand übertragen und das Pferd nicht im Maul gestört wird.

10. Hilfen. Allgemeines.

Der Reiter wirkt auf das Pferd mit Gewicht, Schenkeln und Zügeln ein. Ihrer Natur nach sind die Einwirkungen der Schenkel treibende, die der Hände verhaltende Hilfen. Beide werden wirksam unterstützt durch die Gewichtseinwirkungen des Reiters.

Die Bedeutung der treibenden Hilfen steht hoch über der der verhaltenden.

11. Gewichtshilfen.

In der Fähigkeit, während aller Bewegungen den eigenen Schwerpunkt mit dem seine Lage wechselnden Schwerpunkt des Pferdes in Übereinstimmung zu erhalten, liegt die Kunst, mit dem Pferde mitzugehen.

Verlegt der Reiter sein Gewicht nach rechts oder links, so erhält das Pferd den Antrieb, nach dieser Richtung von der bisherigen Linie abzuweichen. Diese Gewichtshilfe wird dadurch ausgeführt, daß der betreffende Gesäßknochen mehr belastet wird. Dabei wird sich die Hüfte etwas senken und das Knie eine tiefere Lage erhalten. Fehlerhaft ist es,

in der Hüfte einzuknicken, da hierdurch eine Ge=
wichtsverlegung nach der falschen Seite herbeigeführt
wird.

12. Schenkelhilfen.

Der Schenkel hat die Aufgabe, auf den gleich=
seitigen Hinterfuß zu wirken. Je näher er dem
Gurt liegt, desto mehr wird der Hinterfuß zum
Vortreten angeregt (vortreibender Schen=
kel); liegt der Schenkel weiter zurück, so wird er
nach dem Grade der Einwirkung entweder den
gleichseitigen Hinterfuß am Verlassen des Hufschlags
verhindern (verwahrender Schenkel) oder
ihn dazu veranlassen (seitwärts treiben=
der Schenkel).

Bei einem durchgearbeiteten, in guter Haltung
schwungvoll am Zügel gehenden Pferde genügt
bei richtigem Sitz das weiche Fühlenlassen der Unter=
schenkel, um es in Form, Gangart und Tempo zu
erhalten. Der Schenkel muß aber um so tätiger
und der Schenkeldruck um so stärker werden, je mehr
es gilt, die Hinterfüße anzuregen oder zu beherrschen.

In der Bewegung wirkt der Schenkel auf den
gleichseitigen Hinterfuß nur in dem Augenblick rich=
tig vortreibend ein, wenn dieser vom Boden abstößt.

Genügt eine Schenkelhilfe nicht, so wird sie durch
den Sporen verstärkt, der erst leicht, dann stärker
angedrückt wird. Meist wird ein geschicktes Fühlen=
lassen genügen. Die Schenkellage darf dabei nicht
verändert werden.

Bei kitzligen oder rossigen Stuten vermeidet man
die Sporenhilfe und benutzt zur Verstärkung der
treibenden Hilfe einen Reitstock. Die Sporenräder
müssen so stumpf gemacht werden, daß Verletzungen
bei ihrem Gebrauch ausgeschlossen sind.

13. Zügelhaltung und Zügelhilfen.

a) Zügelhaltung (Bilder 15—18):

Bei Zäumung auf Trense.

Bild 15.

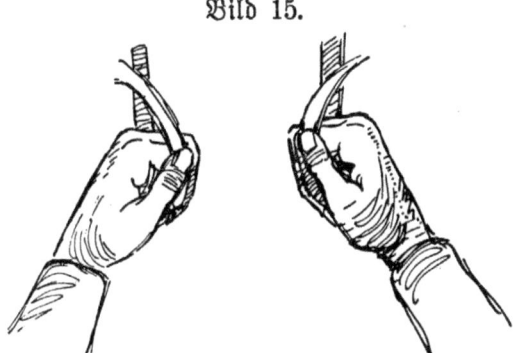

Handhaltung bei Zäumung auf Trense.

Bild 16.

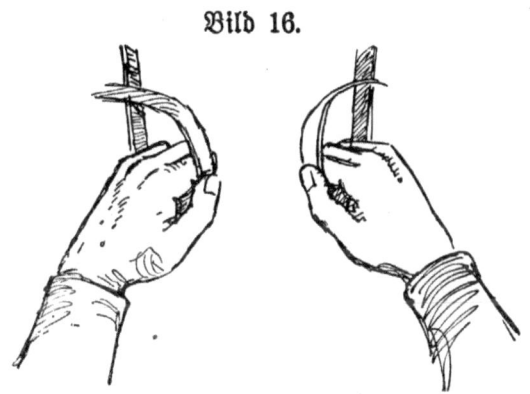

Falsche Handhaltung. Verdeckte Hände.

Bild 17.

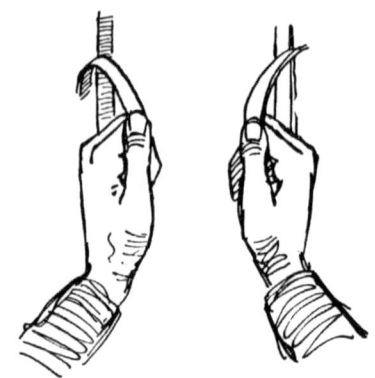

Falsche Handhaltung:
Nach außen geknickte Hände
(herunterdrückende Hände siehe Bild 11).

Bild 18.

Falsche Handhaltung: Zu hohe Handhaltung
(überzäumtes Pferd).

Die Zügel der Trense werden unverdreht und gleich lang zwischen dem kleinen und Ringfinger ergriffen, so daß die glatte Lederseite nach außen zeigt. Die Zügelenden hängen über dem zweiten Gelenk der Zeigefinger auf beiden Seiten außerhalb der Zügel herab. Die Hände sind geschlossen, die mäßig gekrümmten Daumen drücken die Zügel auf die Zeigefinger. Die Hände werden mit den Daumen nach oben senkrecht, den Pferdehals mit den Zügeln einschließend, etwa vier Finger breit voneinander, in solcher Höhe getragen, daß Unterarme und Zügel eine gerade Linie bilden.

Bei Zäumung auf Kandare.

Der Reiter teilt die Kandarenzügel mit dem Ringfinger der linken Hand, das Ende dieser Zügel hängt über das zweite Gelenk des Zeigefingers aus der Hand nach rechts herab.

Die rechte Hand ergreift mit dem Daumen und den drei ersten Fingern den Trensenzügel und zieht ihn durch die linke Hand, bis der linke Trensenzügel mit dem linken Kandarenzügel gleichmäßig ansteht. Der rechte Trensenzügel wird so kurz gefaßt, daß er mit dem rechten Kandarenzügel gleichmäßig ansteht. Der übrigbleibende Teil der Trensenzügel wird nach dem Leibe des Reiters zu nach innen und unten herabgeschlagen.

Die linke Hand bleibt beim Reiten mit angefaßter Trense vor der Mitte des Leibes senkrecht über dem Widerrist stehen, die rechte ist etwa zwei Finger breit davon entfernt und wird in gleicher Höhe mit der linken wie diese senkrecht getragen.

Wird mit geteilten Zügeln geritten, so führt der Reiter in jeder Hand je einen Kandaren= und Tren= senzügel, dabei werden die Zügel in der linken Hand burch den kleinen, in der rechten Hand durch den Ringfinger geteilt.

Auf: Trensen durchziehen! werden die Kandarenzügel und der linke Trensenzügel wie bei angefaßter Trense gehalten, der rechte Trensenzügel

Bild 19.

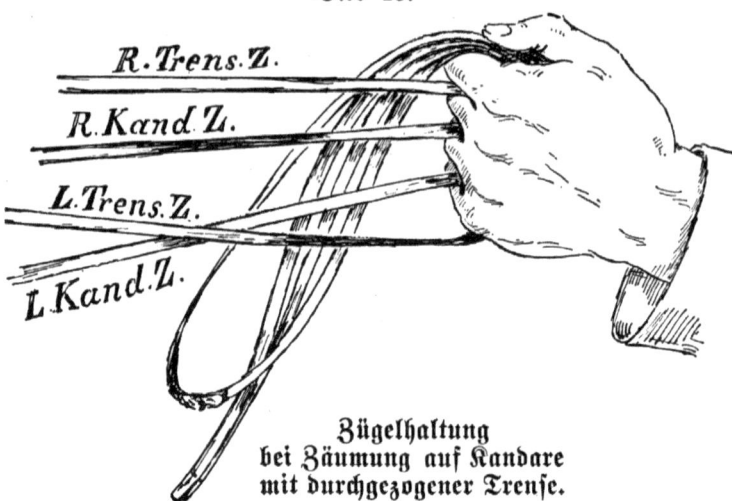

R.Trens.Z.
R.Kand.Z.
L.Trens.Z.
L.Kand.Z.

Zügelhaltung
bei Zäumung auf Kandare
mit durchgezogener Trense.

wird zwischen Mittel= und Zeigefinger hindurch= gezogen, alle vier Zügel über das zweite Gelenk des Zeigefingers hinweggelegt und hier vom Daumen gehalten (Bild 19). Der rechte Arm hängt natürlich von der Schulter herab, die Hand liegt leicht und zwanglos geöffnet hinter dem rechten Oberschenkel und zeigt mit der inneren Fläche nach dem Pferde= leib.

Die Gebrauchszügelhaltung ist die Führung mit angefaßter Trense. Im Gelände kann der Reiter die Zügel teilen. Beim Springen und beim Klettern muß er sie teilen. Beim Reiten mit der Waffe in der rechten Hand werden die Trensenzügel durch= gezogen. Auch sonst muß das Reiten mit durch= gezogener Trense oft geübt werden; es hat den Vorteil, den Reiter an eine leichtere Anlehnung zu gewöhnen und ihn für den Gebrauch der Waffen unabhängig vom Zügel zu machen. Außerdem dient es zur Überprüfung der Selbsthaltung des Pferdes auch bei geringer Zügelanlehnung. Der Reiter muß in der Lage sein, längere Strecken mit einer Hand zu reiten.

b) Zügelhilfen.

Die durch Zügel und Gebiß dem Pferde über= mittelten Einwirkungen der Hände heißen Zügel= hilfen. Sie entstehen durch vermehrtes An= und Abspannen der Zügel. Da die Zügelhilfen ihrer Natur nach vorherrschend verhaltend wirken, so müssen sie stets mit treibenden Hilfen verbunden sein.

Sie wirken um so sicherer und schneller, je mehr das Pferd die Einwirkungen der Hände auf die Laden durch Genick, Hals und Rücken bis in die Hinterbeine hindurchläßt. Nur das völlig durch= lässige Pferd gehorcht sicher der Hand.

Von einem Pferde, das in williger Genick= und Halsbiegung den Einwirkungen der Hand nachgibt, dem Reiter sowohl im Halten wie im Gange das Gefühl einer sicheren und weichen Verbindung zwischen Hand und Pferdemaul verleiht, sagt man, es steht am Zügel. Ein Pferd, das, eine Stütze in den Zügeln suchend, sich auf die Hand legt, ist auf dem Zügel; ein Pferd, das die Verbindung zwischen Hand und Pferdemaul durch Ausweichen des Kopfes nach rückwärts aufhebt, ist hinter dem Zügel. Ein Pferd, das sich dem Nachgeben

4*

durch Gegendrücken mit Genick= und Halsmuskeln nach vorwärts=aufwärts zu entziehen strebt, geht g e g e n d e n Z ü g e l.

Die Kunst einer guten Zügelführung beruht auf der dauernden Erhaltung der Verbindung zwischen Reiterhand und Pferdemaul, die man A n l e h n u n g nennt (siehe auch Ziffer 62).

Die n a c h g e b e n d e Zügelhilfe besteht darin, daß die Hand stehenbleibend den kleinen Finger dem Pferdemaul nähert oder, ohne die Fühlung mit ihm aufzugeben, vorübergehend so viel vorgeht, wie es das Bedürfnis erfordert. Soll mit einer nachgeben= den Zügelhilfe dem Pferde ein Längermachen des Halses erlaubt werden, so ist ein Vorgehen des ganzen Armes, also ein Streckenlassen am Zügel und in der Folge ein Durchgleitenlassen der Zügel notwendig. Bei diesem läßt sich der Reiter damit die Zügel aus der Hand kauen.

Die d u r c h h a l t e n d e Zügelhilfe wird gebraucht bei Pferden, die zuviel Anlehnung nehmen, und bei allen halben Paraden (Ziffer. 27). Sie besteht darin, daß die auf ihrem Platz verbleibenden Hände fest geschlossen werden und den vermehrten Druck aus= halten, bis das Pferd sich wieder am Zügel abstößt und leicht wird. Für diese durchhaltende Zügelhilfe ist das bei vorgeschobenem Gesäß elastisch ange= spannte Kreuz des Reiters Vorbedingung. Von ent= scheidender Wichtigkeit ist es, daß in dem Augenblick, wo das Pferd leicht am Gebiß wird, auch die Hand des Reiters leicht wird.

Die a n n e h m e n d e Zügelhilfe wird angewandt, wo die durchhaltende Zügelhilfe zu halben Paraden nicht ausreicht, und zum Wenden. Sie wird ausge= führt durch festeres Schließen und Eindrehen der Hände; die mittleren Fingergelenke nähern sich hier=

bei dem Leibe des Reiters, die kleinen Finger steigen nach aufwärts. Bei stärkeren Einwirkungen muß sich der Arm an der annehmenden Hilfe beteiligen. Für die annehmenden Zügelhilfen gilt ganz besonders die Warnung, nicht im Anzuge stecken zu bleiben. Niemals dürfen sie in Ziehen ausarten, sondern müssen in lebhaftem Wechsel mit nachgebenden Hilfen erneuert werden, wenn der Erfolg nicht sogleich eintritt.

Einem einseitigen Zügelanzuge wird das Pferd dadurch Folge leisten, daß es nach der betreffenden Seite Kopf und Hals herumbiegt und wendet. Für die richtige Ausführung der Wendung wie auch zur Begrenzung der Biegung von Kopf und Hals ist eine Gegenwirkung des äußeren Zügels notwendig, die man verwahrende Zügelhilfe nennt. Sie besteht im leichten Gegenhalten der Hand, kann sich aber auch bis zum Annehmen steigern.

Die fehlerhafte Neigung der meisten Reiter, zu viel mit den Händen und zu wenig mit Schenkel- und Gewichtshilfen einzuwirken, muß dauernd bekämpft werden.

Zügelhilfen beim Wenden siehe „Wendungen im Gange", Ziffer 21.

Beim Reiten auf Kandare mit angefaßter Trense wird die Wendung im allgemeinen nach den gleichen Grundsätzen wie auf Trense ausgeführt.

Um zu prüfen, ob das Pferd sich in freieren Gängen selbst trägt, sowie als beruhigende Hilfe wendet man das Überstreichen an. Hierbei geht die Zügelhand ohne Rücksicht auf die Verbindung mit dem Pferdemaul, den Mähnenkamm berührend, langsam vor und wieder zurück; hierbei darf die treibende Hilfe nicht aufgegeben werden.

III. Andiezügelstellen und Beizäumen.

14. Andiezügelstellen.

Andiezügelstellen heißt, das Pferd derartig von hinten nach vorn heranschieben, daß im Halten sowohl wie im Gange zwischen Reiterhand und Pferdemaul eine unbedingt sichere, wenn auch leichte Verbindung hergestellt ist.

Im Halten drückt der Reiter mit beiden Schenkeln bei angespanntem Kreuz das Pferd gegen die leicht aushaltende Hand vor, bis es die Hinterbeine heranstellt und auf dem Gebiß kaut.

Die Schenkel liegen verwahrend am Pferdeleibe, bereit, bei einem Ausweichen der Hinterfüße nach seitwärts oder rückwärts den ausweichenden Fuß durch den mehr klopfenden als drückenden gleichseitigen Schenkel zum Vortreten zu bestimmen. Stellt das Pferd einen Vorderfuß vor, so nimmt der Reiter den gleichseitigen Zügel so viel an, daß es den betreffenden Fuß auf den richtigen Platz zurücksetzt. Stellt es die Vorderfüße unter den Leib, so veranlaßt es der Reiter durch drückende Schenkelhilfen am Gurt, sie vorzustellen. Sobald das Pferd in der ihm abverlangten Stellung still stehenbleibt und zu kauen beginnt, unterbricht der Reiter das Gegenhalten mit den Händen und läßt sie auf ihrem Platze ruhig stehen.

Das richtig an die Zügel gestellte Pferd gibt dem Reiter die Empfindung eines weichen, die vier Beine gleichmäßig belastenden Sitzes.

Im Gange wendet der Reiter die vorbeschriebenen Hilfen an, sobald er fühlt, daß das Pferd nicht mehr

am Gebiß kaut, in der entschiedenen Vorwärtsbewegung nachläßt und nicht mehr die genügende
Anlehnung hat.

15. Beizäumen.

Zum Beizäumen wiederholt der Reiter die beim
Andiezügelstellen beschriebenen Hilfen, bis das Pferd
die für die Zügelwirkung erforderliche und seinem
Gebäude angemessene Hals- und Genickbiegung her-
gibt. Steift sich ein Pferd in Hals und Genick gegen
die Hand des Reiters, so muß es durch vorwärts
treibende Hilfen zum Abstoßen gebracht werden. Bei
Pferden, deren Dressur als abgeschlossen gelten muß,
führt oft geschicktes Fühlenlassen des Sporens am
schnellsten zum Ziel. Zu schweres Einsitzen ist indessen bei Pferden mit weichem Rücken und schwacher
Hinterhand zu vermeiden. Meistens ist es zweckmäßig,
zunächst im Halten durch Wendungen auf der Vorhand das Pferd zum Abstoßen am Gebiß zu bringen
und ihm dann erst im kürzeren Tempo, baldmöglichst
im frischen Arbeitstrab auf dem Zirkel die Nachgiebigkeit abzugewinnen. Bei Widersetzlichkeiten des
Pferdes ist stets die Vorwärtsbewegung der beste
Verbündete des Reiters. Zur vollen Beherrschung
eines ausweichenden Hinterfußes wird vorübergehend ein weiteres Auseinanderstellen der Hände
geboten sein. Das Bestreben mancher Reiter, die
Genickbiegung erzwingen zu wollen durch Herunter-
drücken und Steifmachen von Hand und Arm
(s. Bild 11), oft verbunden mit einem Lüften des Gesäßes, muß energisch bekämpft werden. H a l s = u n d
G e n i c k b i e g u n g   d ü r f e n   n u r   d a s   E r g e b =
n i s   d e r   a n   d i e   a u s h a l t e n d e   H a n d   h e r =
a n t r e i b e n d e n   H i l f e n   s e i n.

Zäumt sich das Pferd im geringen Grade zu tief,
legt es sich also in der Tiefe auf den Zügel und sucht

in der Hand des Reiters eine Stütze, oder entzieht es sich durch Krausmachen des Halses der Einwir= kung, so muß der Reiter bei tiefer gestellter, anfangs vorgehender, dann aushaltender Hand durch Schen= kel und Kreuz das Pferd in fleißigen, aber nicht über= eilten Tritten kräftig vorwärtsreiten und dadurch zwingen, Kopf und Hals höher zu tragen und die Nase vor die Senkrechte zu nehmen oder den krausen Hals langzumachen. Durch dieses Aufrichten wird die Vorhand des Pferdes entlastet, das Gewicht wird mehr der Hinterhand zugeführt und damit zu= gleich die Hebelwirkung von Kopf und Hals auf Rücken und Hinterhand gesichert. Die hierdurch ver= besserte Gleichgewichtshaltung des Pferdes ermög= licht freiere und energischere Gänge.

IV. Entwicklung der Gangarten.

16. Anreiten zum Schritt.
(Siehe Bilder 52, 56, 60.)

Beim Übergang aus dem Halten zum Schritt schiebt der Reiter das an die Zügel gestellte Pferd mit Kreuz und beiden Schenkeln bei nachgebender Zügelhilfe in die Vorwärtsbewegung hinein. Die Anlehnung darf nie auf Kosten des raumgreifenden, gleichmäßigen, flüssigen Schritts erstrebt werden. Zackelnde Pferde müssen durch vortreibende Hilfen an die Zügel gebracht und dann zum Schritt pariert, nicht aber mit der Hand verhalten werden.

17. Antraben, Tempowechsel im Trabe.
(Siehe Bilder 54, 55, 58, 59.)

Die Hilfen zum Antraben entsprechen denen zum Anreiten im Schritt. Ein gut gerittenes Pferd hat

der Reiter im Trabe nur daraufhin zu über=
wachen, daß es in schwunghaftem taktmäßigen Gange
das Tempo hält und in richtiger Halsstellung weich
und kauend am Zügel steht.

Zum Verstärken des Tempos treiben die Schenkel
das Pferd bestimmter vorwärts. Der Übergang muß
fließend, die Hilfen dürfen nicht stoßend sein. Die
Hand läßt die freieren Tritte heraus, ohne die Ver=
bindung mit dem Pferdemaul aufzugeben. Je freier
das Tempo, um so mehr muß der Reiter mitgehen,
er bleibt sonst hinter der Bewegung zurück. Fällt
ein Pferd bei den Hilfen zum Antraben in den Ga=
lopp, so muß es zunächst durch vortreibende Hilfen
im Galopp an den Zügel gebracht und darf erst
dann zum Trabe durchpariert werden.

18. Leichttraben.
(Siehe Bilder 54, 55.)

Das Leichttraben vermindert wesentlich die
Gewichtseinwirkung des Reiters auf den Rücken und
die Gelenke des Pferdes; es erleichtert dem Pferde
das Atmen sowie das Abschieben und Untersetzen der
Hinterbeine. Auch ermüdet es den Reiter weniger
als das Aussitzen.

Der Reiter sitzt nicht jeden Tritt des Pferdes aus,
sondern fängt, auf Knie und Bügel sich stützend, je
einen Tritt ab und setzt sich erst wieder nach dem
folgenden Tritt mit vorgeschobenem Gesäß weich auf
den Sattel nieder. Der Oberkörper hebt sich beim
Vorschwingen des einen über Kreuz befindlichen Fuß=
paares, also des rechten Hinterfußes und linken
Vorderfußes oder umgekehrt, und senkt sich beim
Fußen desselben Beinpaares. Der Reiter kommt
somit jedesmal in den Sattel zurück, wenn entweder
der rechte oder der linke Hinterfuß auftritt. Man

sagt dementsprechend, daß der Reiter auf dem rech=
ten oder linken Hinterfuße trabt. Das Vorschwingen
des Hinterfußes, durch den der Reiter gehoben wird,
erkennt er an der gleichzeitigen Vorbewegung der
entgegengeſetzten Schulter. Beim Reiten in der
Bahn wird stets auf dem inwendigen Hinterfuß
getrabt, weil nur der durch den inneren Schenkel
zum weiten Vortritt veranlaßte innere Hinterfuß
beim Wenden in den Ecken die Körperlaſt richtig zu
ſtützen vermag. Beim Handwechſel muß der Reiter
den Hinterfuß dadurch wechſeln, daß er einmal
oder in ungerader Zahl ausſitzt und sich wieder
erhebt, wenn der nunmehrige innere Hinterfuß vor=
tritt.

Ein gleichmäßig bequemes Gefühl beim Traben
auf dem rechten wie dem linken Hinterfuße gibt dem
Reiter den Beweis für die gleichmäßige Ausbildung
beider Seiten des Pferdes. Der Reiter darf das
Pferd beim Leichttraben nicht auseinanderfallen
laſſen, ſondern muß es stets in leichter, jedoch be=
ſtimmter Anlehnung am Zügel behalten. Hierzu
muß er auch im Leichttraben treiben können,
indem er bei aufrecht bleibendem Oberkörper Hüften
und Gesäß bei jedem Niederſetzen in den Sattel gut
nach vorwärts schiebt und mit den Unterſchenkeln
bei federndem Kniegelenk dauernd Verbindung mit
dem Pferdekörper hält.

Nur durch das Bestreben, die Hinterfüße zum
weiten Vortritt anzuregen, werden beim Leichttraben
der Gang und die Nachgiebigkeit des Pferdes för=
dernd beeinflußt. Es verſchlechtert die Haltung des
Pferdes, wenn der Reiter dabei vornüberfällt, das
Gesäß mit losem Kreuz nach hinten herausſchiebt,
die Zügel hängen läßt und die Schenkel mit ſtarren
Knie= und Fußgelenken abſperrt.

Der Reiter muß im Leichttraben
gründlich unterwiesen und geübt
werden; die vortreibende Wirkung des beim Aus=
sitzen auf dem Sattel lastenden Reitergewichts kann
nur durch rege Tätigkeit der Unterschenkel und durch
gute Haltung des Oberkörpers ersetzt werden.

Darum ist auch bei Besichtigungen besonderer
Wert auf das Leichttraben zu legen.

Bei längeren Ritten muß der Hinterfuß gewechselt
werden, damit nicht eines der beiden über Kreuz be=
findlichen Fußpaare mehr als das andere in An=
spruch genommen wird (s. Ziff. 60).

19. Angaloppieren, Tempowechsel im Galopp, über= gang zum Trab, Außengalopp, Galoppwechsel.
(Siehe Bilder 57, 61.)

Zum Angaloppieren gibt der Reiter fol=
gende Hilfen:

Der innere Schenkel am Gurt regt den gleich=
seitigen Hinterfuß zum Vortreten an. Hierdurch
wird die bisherige Fußfolge geändert und das Pferd
zum Angaloppieren veranlaßt. Dabei liegt der
äußere Schenkel verwahrend am Pferdeleib, der
äußere Zügel beschränkt durch eine halbe Parade
den Vortritt des äußeren Hinterfußes. Das Ge=
wicht des Reiters ruht vermehrt auf dem inneren
Gesäßknochen. Es ist streng darauf zu
achten, daß das Pferd zum Angalop=
pieren nicht auf zwei Hufschläge ge=
stellt wird.

Sobald das Pferd sich hebt, hat der Reiter mit
leicht nachgebender Hand den Galoppsprung heraus=
zulassen und durch vortreibende Hilfen die Sprung=
bewegung in Fluß zu bringen. Der Oberkörper muß
dabei gut mitgehen; bei vorgeschobenem, innerem

Gesäßknochen wird die äußere Schulter des Reiters gut vorgenommen.

Galoppiert ein Pferd falsch an, so muß es der Reiter durchparieren, geraderichten und erst dann in der richtigen Stellung wieder angaloppieren. Beim Abteilungsreiten ist hierzu der Hufschlag zu verlassen.

Zum Verkürzen des Galopps muß der Reiter die Sprünge allmählich einfangen, nicht aber das Pferd plötzlich verhalten. Das geschieht dadurch, daß der durch die Schenkel vermehrt untergeschobenen Hinterhand durch halbe Paraden, besonders mit dem äußeren Zügel, mehr Last zugeschoben wird. Die Paraden und das Nachgeben erfolgen im Takt der Sprünge. Hat das Pferd Selbsthaltung gewonnen, so wirken die Hände mehr passiv. Die Schenkel sollen die Hinterbeine zu regelmäßigen und lebhaften Sprüngen anregen. Auch im verkürzten Arbeitsgalopp soll sich ein kräftiges Abfedern der Hinterbeine unter dem Gesäß des Reiters fühlbar machen.

Das Verstärken des Galopps muß weich und fließend geschehen; die vortreibenden Hilfen dürfen nicht plötzlich einsetzen. Je stärker das Tempo, um so mehr muß der Reiter im Sitz mitgehen. Ebenso muß er dauernd bestrebt sein, das Pferd trotz bestimmterer Anlehnung an das Gebiß durch halbe Paraden durchlässig zu erhalten.

Um vom Galopp sicher und fließend zum Trabe übergehen zu können, muß der Reiter sein Pferd während und nach der Parade bestimmt am Zügel haben und erneut geraderichten, es mit beiden Schenkeln in den Trab hineinschieben und bei elastisch gespanntem Kreuz mit dem Oberkörper in die Bewegung eingehen. Unruhiger Sitz, Festwerden der Hand sowie jede einseitige oder klopfende Schen-

kelwirkung veranlassen häufig erneutes Angaloppie=
ren. Um diesem Fehler vorzubeugen, empfiehlt es
sich, dem Pferde bei der Parade eine ganz geringe
Schulterhereinstellung zu geben und diese bei den
ersten Trabritten beizubehalten.

Dem Außengalopp muß entsprechendes Stellen des
Pferdes vorausgehen. Er wird nur im verkürzten
Arbeitstempo und nur im Durcheinanderreiten, nicht
in der Abteilung geritten. Soll Fußwechsel vor=
genommen werden, pariert der Reiter zum Schritt
durch, sitzt und stellt um und entwickelt den neuen
Galopp. Dies wird nur von dem einzelnen Reiter,
nicht in der Abteilung als besondere Übung auf den
Zuruf „Galoppwechsel" ausgeführt.

V. Übungen auf ebenem Hufschlag.

20. Wendungen auf der Stelle.

Wendungen auf der Stelle können auf der Vor=
hand oder auf der Hinterhand ausgeführt werden.

Den Drehpunkt bildet bei der Wendung auf der
Vorhand der innere Vorderfuß, bei der Wendung
auf der Hinterhand der innere Hinterfuß des
Pferdes.

Durch mehrfache, im Wechsel aufeinanderfolgende
Teilwendungen auf der Hinter= und Vorhand kann
das Pferd nach einer Seite auf der Grundlinie ver=
schoben werden. In der Regel beginnt der Reiter
dazu mit einer Wendung auf der Hinterhand und
läßt eine Wendung auf der Vorhand folgen usf.

a) Wendungen auf der Vorhand.

Die Vorhandwendung hat den Zweck, Reiter und
Pferd die Wirkung der einseitigen Hilfen zu lehren.

Der Reiter stellt das Pferd zunächst an die Zügel und nimmt leichte Kopfstellung nach der Seite der Wendung. Der innere Schenkel hinter dem Gurt drückt — wenn nötig, unter Mitwirkung des inneren Zügels — alsdann die Hinterhand Tritt für Tritt

Bild 20.

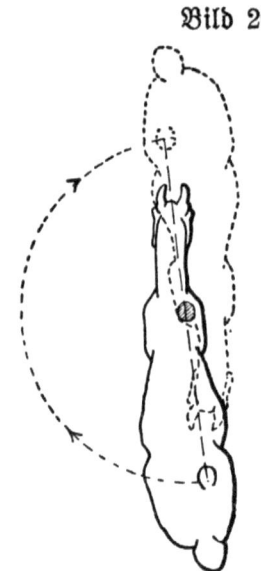

Wendung auf der Vorhand
rechtsum kehrt.

um die Vorhand herum, bis die Wendung vollendet ist. Dabei tritt der innere Hinterfuß über und vor den äußeren. Jeden zweiten Tritt der Hinterhand fängt der äußere, verwahrend hinter dem Gurt lie=gende Schenkel bestimmt auf, so daß jedesmal eine Pause entsteht und ein Herumeilen der Hinterhand vermieden wird. Während und nach der Wendung sorgen Schenkel und Kreuz dafür, daß das Pferd am Zügel bleibt und nicht zurückkriecht. Ein Vortreten, das in der Regel ein Ausfallen der äußeren Schulter im Gefolge hat, muß durch Gegenwirken des auswendigen Zügels verhindert werden. Ein Zurücktreten ist der geringere Fehler. Auf dem Hufschlag an der Bande kann die Wendung auf der Vorhand wegen des für Hals und Kopf erforderlichen Raumes nicht ausgeführt werden.

b) **Wendung auf der Hinterhand.**

Bild 21.

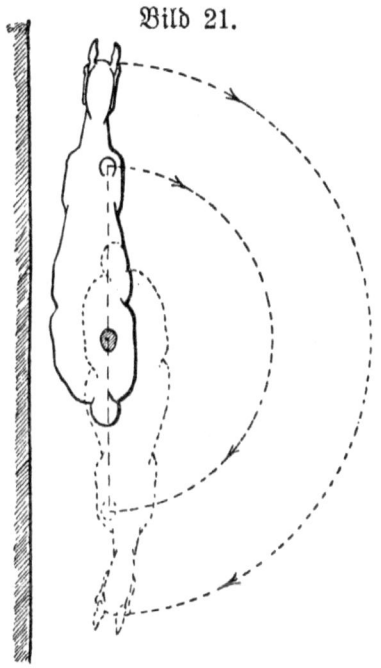

**Wendung auf der Hinterhand
rechtsum kehrt.**

Zur Wendung auf der H i n t e r h a n d stellt der Reiter das Pferd zunächst an die Zügel und nach der Seite der Wendung. Der inwendige Zügel leitet die Wendung ein. Der Drehpunkt liegt unter dem inneren Hinterfuß. Der Reiter führt mit beiden Händen die Vorhand trittweise im Bogen um die Hinterhand herum. Er nimmt dazu seine äußere Schulter vor, verhindert mit dem äußeren Schenkel den äußeren Hinterfuß am Ausfallen und regt mit dem inneren Schenkel den inneren Hinterfuß zu leichtem Vortreten unter die Last an. Ein Vor= treten ist der geringere Fehler.

Wird die Kehrtwendung an der Bande gemacht, so muß das Pferd, das während der Wendung etwa um seine Breite von der Bande abgekommen ist, nach Vollendung der Wendung vorwärts=seitwärts auf den Hufschlag geführt werden.

21. Wendungen im Gange.

Genaue und enge Wendungen im Gange kann der Reiter nur dann richtig ausführen, wenn er dem Pferde eine dem Bogen der Wendung entsprechende, gleichmäßig verlaufende Längsbiegung zu geben und dadurch die Hinterhand zu veranlassen vermag, in der Wendung genau dem Hufschlage der Vorhand zu folgen.

Richtiges Wenden verlangt vom Pferde vermehr= tes Stützen der Körperlast durch den inneren Hinter= fuß.

Vor jeder Wendung im Gange versammelt der Reiter das Pferd durch eine halbe Parade und ver= legt sein Gewicht ein wenig nach der Seite der Wendung.

Das Pferd wird nach der Seite der Wendung gestellt. Der innere Zügel führt das Pferd in die

Wendung hinein, der innere Schenkel am Gurt treibt den gleichseitigen Hinterfuß vor. Der äußere Zügel regelt durch Gegenhalten die Hals= und Kopf= stellung, verwahrt die auswendige Schulter, be= stimmt das Maß der Wendung und verhindert zu= sammen mit dem verwahrenden äußeren Schenkel das Ausfallen des äußeren Hinterfußes. Je mehr es dem Reiter gelingt, während der Wendung den inneren Hinterfuß zum richtigen Stützen und den äußeren Hinterfuß zum Vortreten in Richtung zwischen die Vorderfüße zu bestimmen, um so enger und schneller kann er sein Pferd wenden.

Bei allen Wendungen ist richtige Gewichtsvertei= lung geboten. Nur wenn der Reiter die innere Hüfte bei tiefem Knie vorschiebt und die äußere Schulter mit in die Bewegung hineinnimmt, wird er in der Lage sein, die Vorhand des Pferdes richtig zu führen und ein Ausfallen der Hinterhand zu ver= hindern.

Nach Vollendung aller Wendungen werden die Pferde geradeaus gestellt. Wurde vorher mit Stel= lung geritten, so wird auf der neuen Hand die dieser entsprechende Stellung von jedem Reiter ohne Kom= mando angenommen.

22. Durchreiten der Ecken.

Zum genauen Durchreiten der Ecken gibt der Reiter drei Schritte vor der Ecke, also vor Beginn der Wendung, dem Pferde eine halbe Parade, vor= nehmlich mit dem äußeren Zügel. Gleichzeitig gibt er ihm die Stellung und wendet mit dem inneren Zügel auf dem Kreisbogen einer Volte durch die Ecke. Je nach Dressurgrad, Gangart und Tempo des Pferdes und nach der Geschicklichkeit des Reiters kann der Kreisbogen entsprechend flacher geritten

werden. Im übrigen entspricht die Ausführung der
Wendung im Gange.

Um sich der engeren Biegung zu entziehen, ver=
suchen die Pferde, den Kreisbogen durch die Ecke ab=

Bild 22.

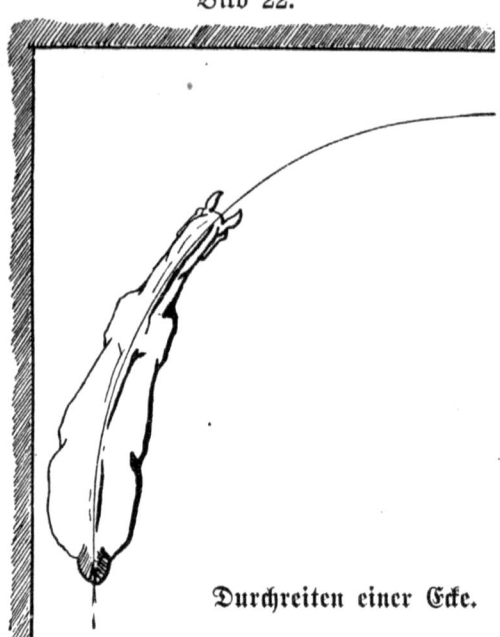

Durchreiten einer Ecke.

zuflachen oder den inneren Hinterfuß seitwärts zu
setzen. Dem müssen innerer Schenkel und äußerer
Zügel entgegenwirken. Es ist jedoch fehlerhaft,
ein tiefes Hineinreiten in die Ecke mit dem nach
außen drückenden inneren Zügel erzwingen zu wollen,
da dies ein Ausfallen der äußeren Schulter hervor=
ruft.

Bei fehlender Bande suchen sich die Pferde häufig der schärferen Biegung während der Wendung dadurch zu entziehen, daß sie vor der Ecke nach außen ausbiegen. Hier müssen die verwahrenden äußeren Hilfen das Pferd auf dem Hufschlage erhalten.

Beim Wenden und Wechseln durch die Bahn sind die vorstehend beschriebenen Hilfen sinngemäß anzuwenden.

23. Reiten auf dem Zirkel.

Durch das Reiten auf dem Zirkel wird der innere Hinterfuß des Pferdes vermehrt zum Stützen der Körperlast gezwungen, mithin auch in höherem Maße als auf gerader Linie gebogen. Es bereitet somit das Pferd zu den Wendungen und dem Galopp vor.

Genaues Reiten auf dem Zirkel verlangt fortgesetztes Wenden des Pferdes, dem eine der Kreislinie des Zirkels entsprechende Längsbiegung zu geben ist. Hierbei ist es besonders wichtig, den Hals an den Schultern fest zu stellen. Der innere Hinterfuß des Pferdes soll bei richtiger Biegung auf dem Zirkel im Schritt und Trabe in die Spur des gleichseitigen Vorderfußes treten, der äußere Hinterfuß muß auf dem Hufschlage des äußeren Vorderfußes gehen.

Beim Übergang auf den Zirkel verlegt der Reiter sein Gewicht etwas nach innen. Der nahe am Gurt befindliche innere Schenkel treibt den gleichseitigen Hinterfuß vor, der innere Zügel wendet am Paradepunkt auf die Zirkellinie. Der äußere Schenkel hinter dem Gurt verhindert ein Ausfallen der Hinterhand. Der äußere Zügel unterstützt den äußeren Schenkel und hält den Hals am Widerrist gerade.

5*

Mehrfaches Wechseln aus dem Zirkel und durch den Zirkel ist ein gutes Mittel, die Pferde zur Losgelassenheit und an die Hilfen zu bringen.

Bild 23.

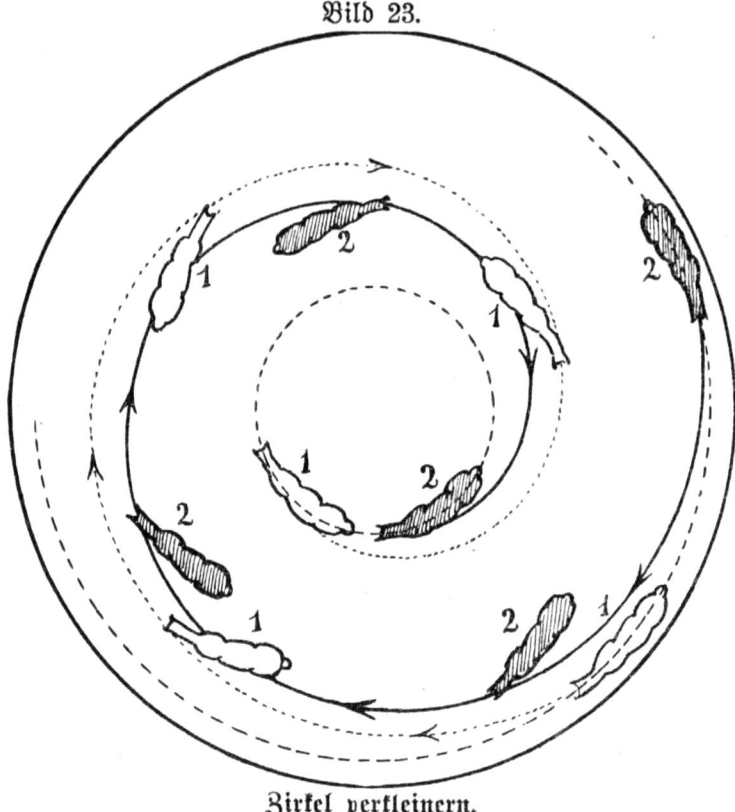

Zirkel verkleinern.

Zirkel verkleinern. Unter vermehrter Gewichtsverlegung nach innen wendet der Reiter das Pferd mit dem inneren Zügel, unterstützt durch den äußeren Schenkel, von außen her seitwärts-vorwärts

nach dem Mittelpunkt des Zirkels. Die Reiter er=
reichen dabei auf einer sich allmählich verengernden
Kreislinie den kleineren Zirkel, indem jeder für sich

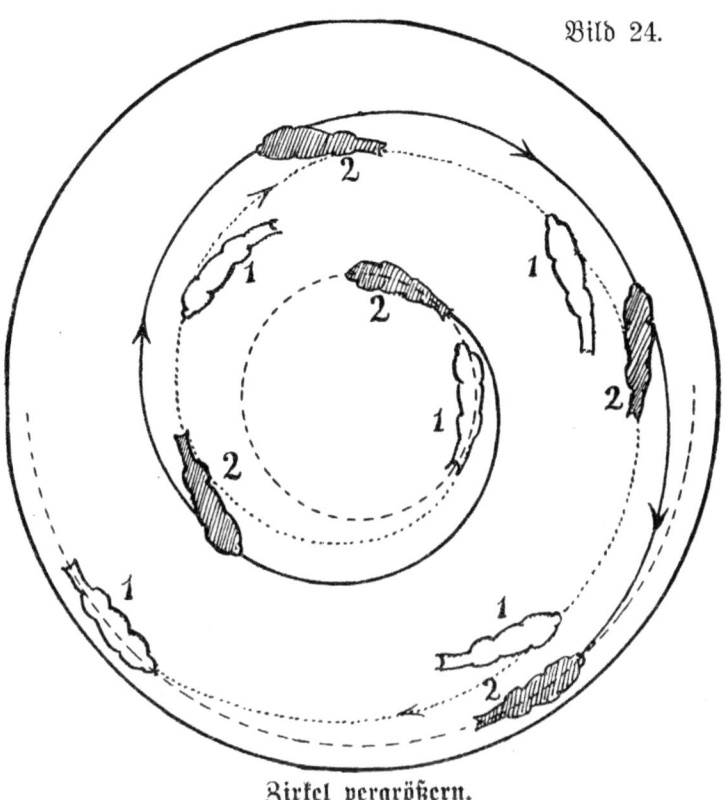

Zirkel vergrößern.

Vorhand und Hinterhand gleichzeitig mit nach innen
nimmt.

Beim Zirkel vergrößern erweitern äuße=
rer Zügel und innerer Schenkel allmählich den
Bogen des verengten Zirkels.

24. Volte, Kehrtwendung im Gange und Acht.

Die Volte von 6 × Durchmesser stellt das Höchst=
maß von Längsbiegung dar, die das Pferd ohne
Beeinträchtigung des Ganges annehmen kann. Vol=
ten und Kehrtwendungen von 6 × Durchmesser
werden nur im Schritt und in verkürzten
Arbeitstempos geritten. Der Rittigkeit der
Pferde ist im Anfang durch Erweiterung des Huf=
schlags Rechnung zu tragen. In diesem Fall können
sie ebenso wie die Acht auch im Arbeitstempo
geritten werden. Die Hilfen sind dieselben wie bei
den Wendungen und dem Reiten auf dem Zirkel.

25. Schlangenlinien.

Bei den Schlangenlinien, die dem Reiter
ein gutes Mittel bieten, das Pferd zum Gehorsam
auf seine wendenden Einwirkungen zu erziehen,
müssen vornehmlich die Gewichtshilfen den Antrieb
zur Richtungsveränderung geben (s. Bild 1). Im
übrigen entsprechen die Hilfen denjenigen bei der
Wendung im Gange. Schlangenlinien werden nur
im Schritt, Arbeits= und verkürzten
Arbeitstrab geritten.

26. Kurzkehrtwendungen.

Die Kurzkehrtwendung ist eine Kehrtwendung auf
der Hinterhand während der Bewegung. Sie wird
nur aus dem Schritt ausgeführt. Der Reiter gibt
erst mit dem äußeren Zügel eine energische Parade
und hierauf die Hilfen zur Wendung auf der Hinter=
hand. Die Parade darf aber nicht ein vollkommenes
Stillstehen hervorrufen. Die Unterbrechung der Vor=
wärtsbewegung und das Herumführen des Pferdes
in die Wendung müssen sich unmittelbar aneinander
anschließen.

27. Paraden.

a) Halbe Paraden.

Sie haben den Zweck, das Pferd in eine kürzere Gangart zu versetzen, Takt und Haltung des Pferdes während des Ganges zu verbessern, verlorengegangene Haltung wiederzugewinnen, dem Drücken auf das Mundstück und dem Eilen im Gange zu begegnen.

Bei den halben Paraden nimmt der Reiter die Zügel an, gleichsam als ob er das Pferd zum Stehen bringen wollte, setzt jedoch die treibenden Hilfen fort. Häufig genügt schon eine durchhaltende Zügelhilfe bei gleichzeitigem Anziehen des Kreuzes.

b) Ganze Paraden.

Sie bringen das Pferd durch annehmende Zügelhilfen zum Stehen. Ihnen wird, besonders aus stärkeren Gangarten, durch halbe Paraden vorgearbeitet. Die annehmenden Zügelhilfen sind in lebhaftem Wechsel von Annehmen, Nachgeben und Wiederannehmen so oft zu wiederholen, bis das Pferd steht. Jede Zügelhilfe wird durch treibende Hilfen begleitet, wodurch das Pferd von hinten nach vorn herangeschoben wird. Bei Pferden mit schwachem Rücken ist zur Parade ein leichter Sitz mit gut gegenhaltendem Kreuz geboten. Sobald das Pferd stillsteht und das Bestreben zeigt, den Hals lang zu machen, muß der Reiter die annehmende Zügelhilfe beenden und leicht mit der Hand werden.

Ist es dem Reiter überlassen, innerhalb welcher Strecke er sein Pferd durchparieren will, so muß er die Bewegung um so mehr auslaufen lassen, je stärker Gangart und Tempo waren und je weniger durchlässig sein Pferd ist.

28. Rückwärtsrichten.

Das Rückwärtsrichten ist ein Mittel zur Erhöhung der Durchlässigkeit und des Gehorsams.

Zum Rückwärtsrichten stellt der Reiter das Pferd an den Zügel und veranlaßt es durch gerade auf die Hinterfüße wirkende wechselseitige Zügelanzüge, ein diagonales Beinpaar nach dem anderen mit möglichst gleichmäßigen, ruhigen Tritten in gerader Richtung zurückzustellen. Die Schenkel liegen währenddessen nur verwahrend am Pferdeleib, um zu verhindern, daß das Pferd mit der Hinterhand ausfällt oder ausweicht und sich vom Zügel losmacht.

Da jede stärkere Belastung des Pferderückens das Heben und Zurücksetzen der Hinterfüße erschwert, darf der Reiter bei Verweigern des Rückwärts= richtens nicht zu stark einsitzen, sondern muß seinen Oberkörper leicht vorneigen.

Ein bewährtes Mittel, ein Pferd, das die Hinter= beine herausstemmt, zum Rückwärtstreten zu be= wegen, ist die Wendung auf der Vorhand. Der Reiter gibt die Hilfen zum Rückwärtsrichten, wenn einer der Hinterfüße unter den Leib vortritt.

29. Geraderichten.

Die Einwirkungen, deren sich der Reiter bedient, um die Vorhand auf die Hinterhand einzurichten, nennt man Geraderichten. Das gerade= gerichtete, auf einem Hufschlag gehende Pferd soll sich stets mit der Längsachse seines Körpers der Hufschlagslinie anpassen, gleichviel ob sie gerade oder gebogen ist. Der Schub der Hinterhand wirkt nur dann in gerader Richtung und voll gegen die Vorhand.

Der Erfüllung dieser Forderung setzt die den meisten Pferden eigentümliche Neigung zu schiefer Körperhaltung Schwierigkeiten entgegen. Das aus dieser Schiefe folgende Nichtspuren der Vorder= und Hinterfüße wird noch dadurch begünstigt, daß das

Bild 25.   Bild 26.

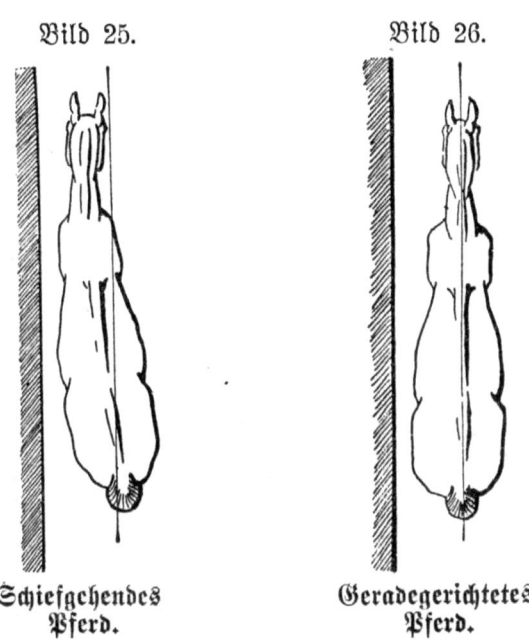

Schiefgehendes   Geradegerichtetes
Pferd.   Pferd.

Pferd in der Vorhand schmaler ist als in der Hinter=hand.

Mit seltenen Ausnahmen ist es der rechte Hinter=fuß, den das Pferd schwerer in gerader Richtung vorwärts unter den Leib zu setzen vermag.

Bei Schiefe, z. B. nach rechts, richtet der Reiter mit dem rechten Zügel den rechten Vorderfuß vor den rechten Hinterfuß und treibt das Pferd mit vor=

herrschendem rechten Schenkel an den rechten Zügel
heran.

Die geraderichtende Arbeit muß im entschiedenen
Vorwärtsreiten geschehen.

30. Biegen.

Das Biegen hat den Zweck, die Folgsamkeit des
Pferdes auf die mehr seitlich wirkenden Zügelanzüge
zu erhöhen und den Hals an der äußeren Seite zum
Dehnen zu bringen. Der Reiter erreicht durch diese
Übung Durchlässigkeit, Nachgiebigkeit auf die inneren
und Herangehen an die äußeren Hilfen sowie Ver=
besserung der Haltung und des Ganges.

Das Biegen ist nur von geringem Wert, wenn
Hals und Kopf zuviel auf der Stelle und nicht das
ganze Pferd im Gange, vorwiegend im Trabe, ge=
arbeitet wird.

Das Biegen auf der Stelle dient nur zur Be=
lehrung von Reiter und Pferd. Das Pferd muß
dazu am Zügel stehen und die Nase etwas vor der
Senkrechten tragen. Der Reiter dreht die biegende
Hand wie zur Wendung ein und veranlaßt das
Pferd, seinen Kopf bei gleich hochstehenden Ohren
nach dieser Seite zu wenden. Die äußere Hand gibt
anfangs nach, verhindert dann durch verwahrende
Hilfe ein zu starkes Nachgeben auf den inneren Zügel
und hält den Hals am Widerrist gerade. Der
Mähnenkamm soll stets nach der inneren Seite über=
kippen. Die Muskeln werden auf dieser Seite flach
und wölben sich auf der äußeren.

Verwirft sich das Pferd im Genick, was daran zu
erkennen ist, daß das eine Ohr tiefer steht als das
andere, so muß der Reiter das tiefere Pferdeohr
durch vorübergehendes Steigen der entsprechenden
Zügelhand höherstellen.

Den besten Erfolg hat das Biegen im Arbeitstrabe, später im Mitteltrab.

Die Zügelhilfen zum Biegen im Gange sind dieselben wie beim Biegen auf der Stelle. Der innere Schenkel muß den inneren Hinterfuß zum energischen Vortreten anregen und zusammen mit dem verkürzten inneren Zügel Nachgiebigkeit der inneren Seite fordern. Sobald das Pferd auf den inneren Zügel nachgibt, tritt der äußere in Wirkung. Äußerer Schenkel und Zügel verwahren Hinterhand und Schulter und sorgen vereint dafür, daß die Biegung um den inneren Schenkel gleichmäßig durch das ganze Pferd geht. Der Hals soll keine stärkere seitliche Biegung erfahren, als sie das Pferd in den Lendenwirbeln zu leisten vermag.

Mit dem Biegen ist nicht eher zu beginnen, als bis das Pferd eine gleichmäßige Anlehnung an die Zügel gewonnen hat, der Hals am Widerrist feststeht und die dem Dressurgrad entsprechende Beizäumung erreicht ist. Beim Biegen auf der Stelle ist auf unbedingtes Festhalten der vier Füße, in der Bewegung auf taktmäßigen Gang Bedacht zu nehmen.

31. Schenkelweichen.

Das Schenkelweichen lehrt den Reiter den Gebrauch der einseitigen Schenkel- und Zügelhilfen und das Pferd den Gehorsam auf diese.

Die Kopfstellung wird stets nach dem seitwärts treibenden Schenkel genommen, der dadurch zum inneren wird. Auf dem Viereck darf der Reiter das Pferd auf den langen Seiten, sowohl dem rechten wie dem linken Schenkel, auf dem Zirkel nur dem der Zirkelmitte zugekehrten Schenkel weichen lassen. Die Halsbiegung muß beim Schenkelweichen auf ein geringes Maß beschränkt werden. Jede stärkere Halsbiegung würde ein Ausfallen der äußeren Schulter und eine Schwächung der Halsmuskulatur begründen.

Das Schenkelweichen wird nur im S ch r i t t und A r b e i t s t r a b und nur auf kurze Strecken geübt. Ecken dürfen im Schenkelweichen nicht durchritten werden. Beim Schenkelweichen bewegt sich das Pferd mit ganz geringer Kopfstellung auf zwei Hufschlägen, die bis zu einem Schritt voneinander entfernt sind. Dabei treten die inneren Füße gleichmäßig vor und über die äußeren.

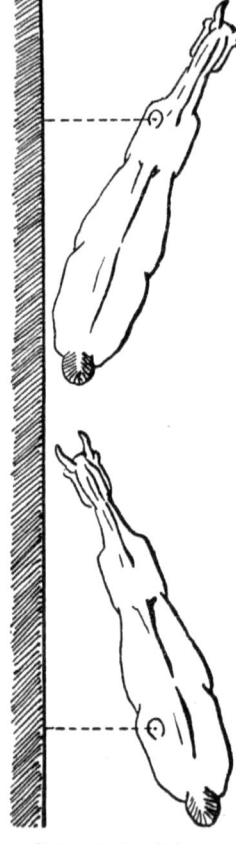

Bild 27.

Schenkelweichen.

Der Reiter sitzt vermehrt nach innen und drückt die Hinterhand mit dem dicht hinter dem Gurt liegenden inneren Schenkel seitwärts. Dieser Druck muß eintreten, wenn sich der innere Hinterfuß von der Erde hebt, und wird, wenn nötig, von Tritt zu Tritt wiederholt. Die Vorhand wird durch den äußeren Zügel auf ihrem Hufschlage weitergeführt. Der Reiter muß jedem Fliehen des Pferdes vor dem Schenkel und jedem Ausfallen der äußeren Schulter durch Verwahren mit dem äußeren Zügel und äußeren Schenkel begegnen.

Soll das Pferd dem dem Inneren des Vierecks zugewandten Schenkel weichen, so führt der Reiter die Vorhand wie zur Volte einen kleinen Schritt in das Innere des Vierecks oder Zirkels, wobei die Hinterhand auf dem bisherigen Hufschlage verbleibt, gibt eine halbe Parade und beginnt das Schenkelweichen.

Die Beendigung dieses Schenkelweichens geschieht durch Einrichten der Vorhand auf die Hinterhand.

Will der Reiter sein Pferd dem dem Äußeren des Vierecks zugekehrten Schenkel weichen lassen, so gibt er ihm, sobald er die erste Ecke einer langen Seite so weit durchritten hat, daß der Pferdekopf die nächste Seite erreicht, eine halbe Parade. Dann nimmt er die entsprechende Stellung und läßt das Pferd dem Schenkel weichen. Zur Beendigung wird das Pferd umgestellt, im flachen Bogen auf den Hufschlag geführt und geradeaus weitergeritten.

Das Weichen des dem Äußern des Vierecks zugekehrten Schenkels dient nur zum Anlernen von Reitern und Pferden in der ersten Zeit; das Weichen des dem Innern der Bahn zugekehrten Schenkels ist für die Ausbildung von größerem Wert, zumal es den Schulterherein vorbereitet.

32. Viereck verkleinern und vergrößern.

Um den Gehorsam auf den seitwärts treibenden Schenkel und den führenden äußeren Zügel zu befestigen, wird die Übung „Viereck verkleinern und vergrößern" geritten.

Wie beim Schenkelweichen auf den langen Seiten bewegt sich das Pferd beim „Viereck verkleinern und vergrößern" mit ganz geringer Kopfstellung auf zwei Hufschlägen, die bis zu einem Schritt voneinander entfernt sind. Je besser das Pferd an den auswendigen Hilfen steht, desto geringer wird die Abstellung und desto ausgesprochener wandelt sich diese Übung von einer lösenden zu einer versammelnden. Die Übung wird im S ch r i t t oder im A r b e i t s t r a b, bei fortgeschrittenem Dressurgrad auch im v e r = k ü r z t e n A r b e i t s t r a b ausgeführt.

Bild 28.

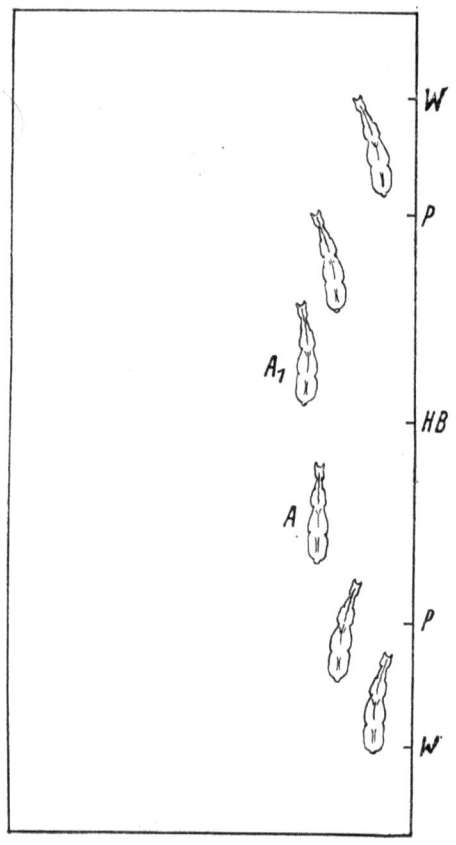

Viereck verkleinern und vergrößern.

Wie weit das Pferd im Viereck verkleinern in die
Bahn hineingeführt wird, richtet sich nach seinem
Ausbildungsgrad (Viereck vergrößern sinngemäß).
Anfangs ist nur wenig zu fordern.

Nach Durchreiten der Ecke gibt der Reiter dem
Pferde die entsprechende Stellung, läßt das Pferd am
bisher auswendigen, nunmehr inwendigen Zügel sich
abstoßen und drückt es, vermehrt nach innen sitzend,
frühestens am Wechselpunkt beginnend, mit dem nun=
mehr neuen inneren Schenkel im Vorwärts=seit=
wärtsreiten nach dem Innern der Bahn. Der bis=
her inwendige, nunmehr auswendige Schenkel erhält
die Vorwärtsbewegung.

Bei A (siehe Bild 28) stellt der Reiter durch eine
Wendung auf der Hinterhand im Gange die Vor=
hand auf die Hinterhand ein, reitet mindestens eine
Pferdelänge geradeaus, sitzt und stellt um und drückt
bei A 1 das Pferd mit dem neuen inwendigen Schen=
kel bis zum Wechselpunkt wieder auf den Hufschlag
der ganzen Bahn. Dort wird das Pferd zunächst
geradegerichtet und dann richtig durch die Ecke ge=
ritten.

33. Reiten in Stellung und Außenstellung.

Das Pferd geht in Stellung, wenn es durch
tätige Einwirkung der äußeren Hilfen in einer
gleichmäßigen Längsbiegung erhalten wird. In
dieser spurt der innere Hinterfuß in Richtung auf
den inneren Vorderfuß, der äußere Hinterfuß in
Richtung zwischen die Vorderfüße. Der Mähnen=
kamm des Pferdes ist nach innen übergekippt, der
Reiter sieht inneres Auge und innere Nüster des
Pferdes schimmern.

Zum Durchreiten der Ecken, zu den
Wendungen, den Hufschlagsfiguren,

zu dem Schulterherein und zum ver=
kürzten Arbeitsgalopp ist der be=
schriebene oder ein geringerer Grad
von Stellung erforderlich. Jeder Reiter

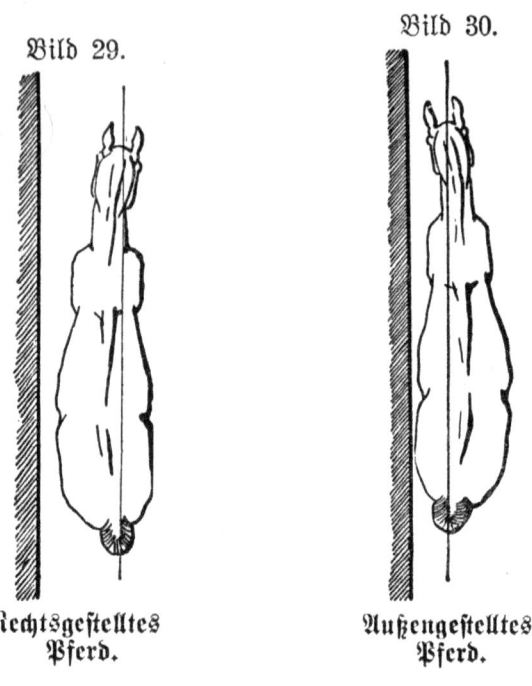

Bild 29.   Bild 30.

Rechtsgestelltes   Außengestelltes
Pferd.   Pferd.

muß dabei selbständig auch ohne Kommando sein
Pferd rechtzeitig stellen.

In der Außenstellung ist das Pferd nach
der äußeren Seite der Bahn gestellt und muß in=
folgedessen gegen seine Stellung wenden. Sitz und
Hilfen sind, ausgenommen beim Durchreiten der
Ecken und bei sonstigen Wendungen, dieselben wie
beim Reiten in Stellung. Die äußeren Füße bewegen

sich in der Wendung auf einem kleineren Kreisbogen als die inneren. Der Reiter muß daher mit dem führenden äußeren Zügel den Vortritt der äußeren Füße beschränken. Um die Gleichmäßigkeit des Ganges nicht zu schädigen, ist der mehr belastete innere Hinterfuß durch Verringern der Stellung zu weiterem Vortritt zu veranlassen.

Das **Kommando** zum Reiten in Stellung und Außenstellung ist stets erforderlich, wenn es als **besondere Übung** geritten werden soll. Als solche darf es nur im Schritt und verkürzten Arbeitstrab geritten werden. Zur Erlangung gleichmäßiger Weichheit auf beiden Seiten muß die Stellung entsprechend oft gewechselt werden. Der Stellungswechsel muß so fließend geschehen, daß das Pferd ohne zu stutzen oder zu eilen aus der einen Stellung in die andere übergeht.

Der häufigste und folgenschwerste Fehler beim Reiten in Stellung besteht darin, daß die Kopfstellung durch zu festes Halten oder Ziehen am inneren Zügel gefordert und hierdurch dem Pferde ein richtiges Vor- und Untertreten des inneren Hinterfußes unmöglich gemacht wird.

34. Schulterherein.
(Siehe Bild 59.)

Der Schulterherein kann geritten werden, wenn die Pferde im verkürzten Arbeitstrab Durchlässigkeit und Selbsthaltung gewonnen haben und in Stellung gehen können. Das Geraderichten wird hierdurch besonders gefördert.

Schulterherein wird im **Schritt und verkürzten Arbeitstrab** geritten. Die Entwicklung erfolgt am besten nach Durchreiten der ersten Ecke der langen Seite.

Im Schulterherein ist das Pferd mit geringer Stellung nach innen in gut versammelter Haltung und infolgedessen entsprechender Aufrichtung mit der Vorhand bis zu einem Schritt vom Hufschlage des äußeren Hinterfußes nach dem Innern der Bahn hinein abgestellt.

Zur Entwicklung verkürzt der Reiter den inneren Zügel, stellt das Pferd nach innen, gibt eine halbe Parade und wendet es ohne Verstärkung der Hals= biegung wie zur Volte nach innen. Durch eine noch= malige halbe Parade mit dem äußeren Zügel ver= hindert er ein weiteres Vorschreiten des Pferdes nach innen und führt es mit diesem Zügel in dem Seiten= gange fort.

Der innere Zügel sorgt während des Seitenganges für die Kopfstellung, für Beibehaltung der zwei Huf= schläge und verhindert mit dem inneren Schenkel zu= sammen das Hereinwerfen der Hinterhand.

Der äußere Zügel regelt im Verein mit dem äußeren Schenkel die Biegung und Aufrichtung und führt das Pferd.

Der innere Schenkel, dicht hinter dem Gurt, hat die Aufgabe, die Rippenbiegung zu erhalten und den inneren Hinterfuß zum gehörigen Vortreten an= zuregen; erst in zweiter Linie veranlaßt er zu= sammen mit dem äußeren Zügel die Seitwärts= bewegung des Pferdes.

Der äußere Schenkel verwahrt die Hinterhand und regt den äußeren Hinterfuß zum Vortritt an. Die Lage des äußeren Schenkels richtet sich nach seiner verwahrenden oder vortreibenden Tätigkeit.

Der Reiter darf nicht in den Fehler verfallen, hinter der Bewegung des Pferdes zurückzubleiben, sondern muß stets gut mitgehen.

Zwei Pferdelängen vor der ersten Ecke der kurzen Wand ist der Schulterherein aufzugeben. Ecken und die kurze Wand werden in guter Versammlung auf einem Hufschlage in Stellung durchritten. Das Be=

Bild 31.

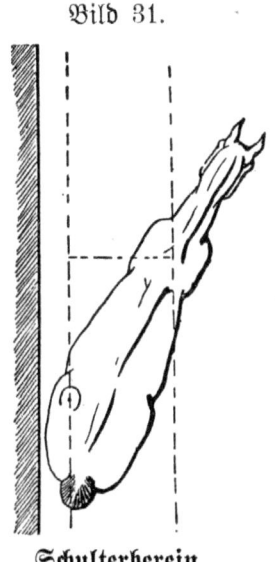

Schulterherein
(siehe Bild 59).

enden des Schulterherein erfolgt durch Einrichten der Vorhand auf die Hinterhand.

Besonders belehrend für Reiter und Pferd ist der Übergang aus Schulterherein zur Volte auf einem Hufschlage. Nach Beendigung der Volte kann ent= weder geradeaus geritten oder erneut zum Schulter= herein übergegangen werden.

Eine weitere nützliche Übung ist die Parade zum Halten im Schulterherein; hierbei haben die äußeren Hilfen vorherrschend zu wirken.

6*

Der beim Schulterherein am häufigsten vorkom=
mende Fehler ist das Ausfallen der äußeren Schul=
ter. Zu starker Gebrauch des inneren Zügels
und dadurch herbeigeführte zu starke Halsbiegung be=
günstigen dies. Durch Gegenhalten des äußeren
Zügels und bestimmtes Vortreiben des äußeren
Hinterfußes mit dem äußeren Schenkel muß der
Reiter den Fehler abstellen.

Pferde, die trotz vortreibender Hilfen im Schulter=
herein hinter dem Zügel bleiben, müssen erst auf
einem Hufschlage in freieren Gängen an den Zügel
herangeritten werden.

VI. Bodenrickarbeit, Springen und Geländereiten.

35. Allgemeines.

Übungen über Bodenricks, über Hindernisse und
im Gelände sind für die Durchbildung von Reiter
und Pferd ebenso notwendig wie Übungen auf ebenem
Hufschlag. Sie sind ein gutes Mittel, um Reiter und
Pferd miteinander vertraut zu machen und zur Los=
gelassenheit zu bringen.

Sie sind deswegen besonders lehrreich, weil es bei
ihrer Ausführung für den Reiter schwieriger ist,
seinen Schwerpunkt in Übereinstimmung mit dem des
Pferdes zu erhalten und weil an das Pferd anders=
geartete und abwechslungsreiche Anforderungen ge=
stellt werden, die erzieherischen und gymnastischen
Wert haben.

Bei dieser Ausbildung ist besonders auf sachgemäße
Vorbereitung, durchdachte Steigerung der Anforde=
rungen, rechtzeitige Beschränkungen bei auftretenden
Schwierigkeiten zu achten. Zu hohe Anforderungen
am Anfang führen zu Verkrampfungen bei Reiter
und Pferd.

A. Bodenrickarbeit.

36. Zweck und Ausführung.

Die Bodenrickarbeit dient sowohl zur Ausbildung des jungen Pferdes (Ziff. 66) als auch zu derjenigen des jungen Reiters auf älteren Pferden (Ziff. 87). Sie wird im Schritt und Trabe ausgeführt.

Bodenricks sind etwa 1,50 m breite, bis 20 cm über dem Boden hohe, aus Holz gebaute, bewegliche Ricks, die nicht zu leicht sein dürfen.

Die vorbereitende Arbeit beginnt mit dem Treten der Pferde über einzelne Stangen im Schritt. Es folgt das Reiten über einzelne, tiefgestellte Bodenricks in derselben Gangart und im Trabe. Ist hierin Sicherheit erlangt, werden die Pferde im Trabe über mehrere (zuerst zwei bis drei) hintereinander aufgestellte Bodenricks geritten. Auf diese Weise wird taktmäßiges Treten des Pferdes, Arbeit in seinen Gelenken und beim Reiter das Gefühl für einen schwingenden Pferderücken erzeugt.

Bild 32.

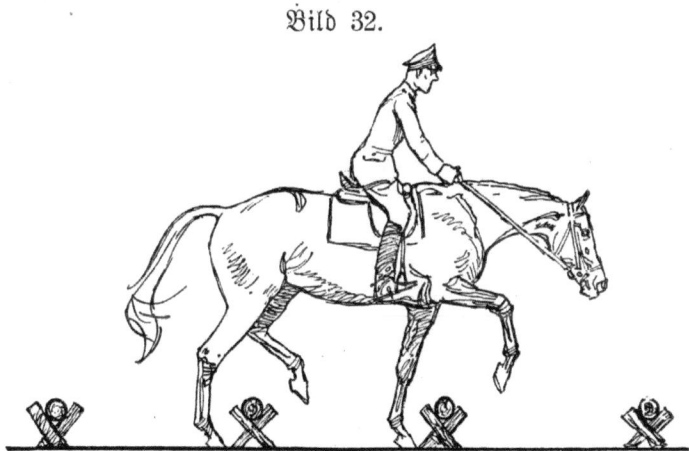

Bodenrickarbeit.

über die Anforderung: 4 Bodenricks in 1,40 m Abstand ist nicht hinauszugehen. Auch die Wiederholung dieser Übung darf anfangs nicht zu häufig und zeitlich nicht zu schnell folgen.

Zu plötzliche Anforderungen können, namentlich bei jungen Pferden, eine Überanstrengung und Schädigung der Gelenke herbeiführen.

Das Aufstellen der Bodenricks auf dem Hufschlag erleichtert die Arbeit. Zur Zeitersparnis empfiehlt es sich, die richtige Abmessung für die Abstände durch Zeichen an der Bande festlegen zu lassen.

B. Springen.

37. Springvorübungen und Springen an der Hand.

Bevor an eine Springausbildung unter dem Reiter herangegangen wird, die über das Maß dessen hinaus= geht, was für junge Remonten vorgesehen ist, muß das Pferd vorbereitet sein durch ausgiebige lösende Übungen, wozu auch Bodenrickarbeit gehört, durch Vorübungen im Springen, im Freien auch durch Einlage des starken Galopps. Das Pferd kann auch vorbereitet werden durch Freispringen.

Zweck der Vorübungen unter dem Reiter besteht darin, durch vieles Überwinden von niedrigen Hindernissen das Pferd Gehorsam, Rückentätigkeit, Zutrauen und Geschicklichkeit, den Reiter Gefühl für die Hilfen, Geschmeidigkeit im Sitz und Sicherheit zu lehren.

Das Anreiten hierzu geschieht aus dem Schritt oder Trabe. Galoppiert das Pferd vor dem Hinder= nis an, dann sitzt der Reiter ruhig in den Galopp ein. Nach Überwinden reitet er in derselben Gangart weiter, in der ursprünglich angeritten wurde.

Das Springen an der Hand in der Bahn als Vorbereitung für höhere Leistungen geschieht

Bild 33.

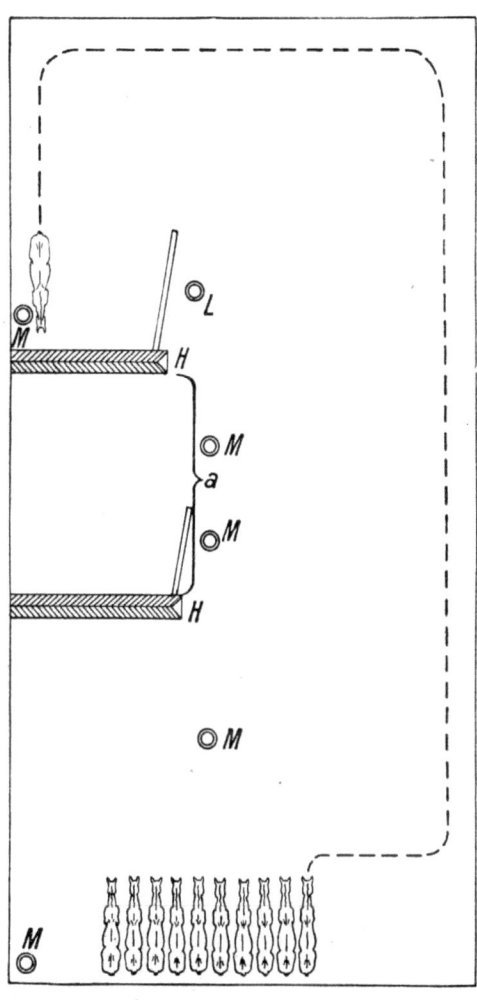

H = Hindernis mit
    Fang
a = Erleichternde
    Entfernung,
    etwa 7 oder 11 m.
L = Lehrer.
M = Hilfsmannschaften.

Einspringen an der Hand.

ebenfalls mit Pferden, die schon durch andere Übungen zur Losgelassenheit gebracht sind. Man stellt hierzu die abgesessene Abteilung jenseits des Sprunges an der kurzen Wand, Front nach innen, mit hochgezogenen Bügeln so auf, daß der nach der langen Wand dem Hindernis zu gelegene Flügel vier Schritte von der langen Wand entfernt bleibt. Die Zügel werden durch den Kehlriemen gezogen und auf dem Halse geknotet. Die Pferde werden, an dem dem Hindernis entfernteren Flügel beginnend, einzeln von dem auf der äußeren Seite gehenden Reiter im Schritt an das Hindernis geführt. Zum Einfangen der Pferde wird jenseits des Hindernisses an der Ecke ein Mann mit einer Haferschwinge aufgestellt. Der Lehrer steht mit einer Peitsche diesseits des Hindernisses, soll aber von ihr nur Gebrauch machen, wenn Pferde stockend springen.

Sind die Pferde vertraut mit dem Vorgang, dann können auch auf der andern langen Seite Hindernisse aufgestellt werden. Zur Absperrung an den Ecken genügen ein bis zwei Leute. Die Hindernisse werden zweckmäßig durch sie überragende Fänge nach dem Innern der Bahn zu abgegrenzt.

Das Pferd soll beim Freispringen lernen, sich selbst aufzunehmen, die Galoppsprünge vor dem Hindernis einzuteilen und mit losgelassenem Rücken zu springen. Dies ist daran erkenntlich, daß die Hals-Rücken-Linie vom Genick bis zum Schweif einen nach oben gewölbten Bogen bildet. (Bilder 39 und 40.)

Pferde, denen der richtige Ablauf der Bewegung irgendwelche Schwierigkeit bereitet, werden durch Arbeit über Hindernisse verbessert, deren Querschnitt besonders an der Absprung- und Landestelle erweitert wird. Hierzu verwendet man Bodenricks, die so eng aneinandergereiht werden, daß das Pferd nicht dazwischentreten kann, sondern daß es sie wie die Fläche eines Grabens springen muß.

Im einzelnen gelten dabei folgende Regeln:

Fehler.	Hindernisanordnung.
Pferd wölbt die Hals=Rückenlinie im Sprung nicht nach oben, hält also den Rücken fest.	Hinter ein Hochhindernis ein oder mehrere Bodenricks eng aneinandergereiht, die das Pferd erst in der Schwebe sieht, wodurch es zum „Tauchen" mit Hals und Kopf veranlaßt wird (s. Bild 34).
Pferd springt zu spät ab und streckt sich nicht.	Hochweit= und Weitsprünge unter Verwendung von eng aneinandergereihten Bodenricks vor einem Hindernis (s. Bild 35).
Pferd springt zu flach.	Reihe von Hochhindernissen in Entfernungen von 3 bis 3,5 oder 6 bis 6,5 m (sog. erschwerende).
Pferd springt zu früh ab.	Ein oder mehrere Bodenricks dicht hinter einem Hochhindernis (s. Bild 34).
Pferd teilt die letzten Galoppsprünge vor dem Absprung schlecht ein.	Niederes Hindernis (50 cm) in Entfernungen vor einem Hochhindernis von etwa 4, 7, 11 m (sog. erleichternde, s. Bild 35 u. 36).

Bild 34.

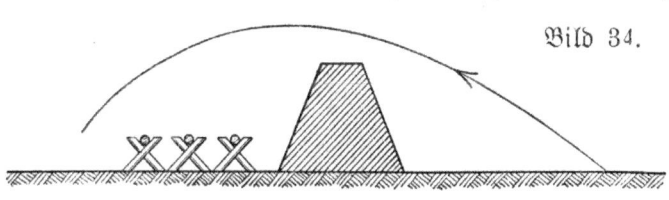

Hindernis mit Bodenricken dahinter.

82

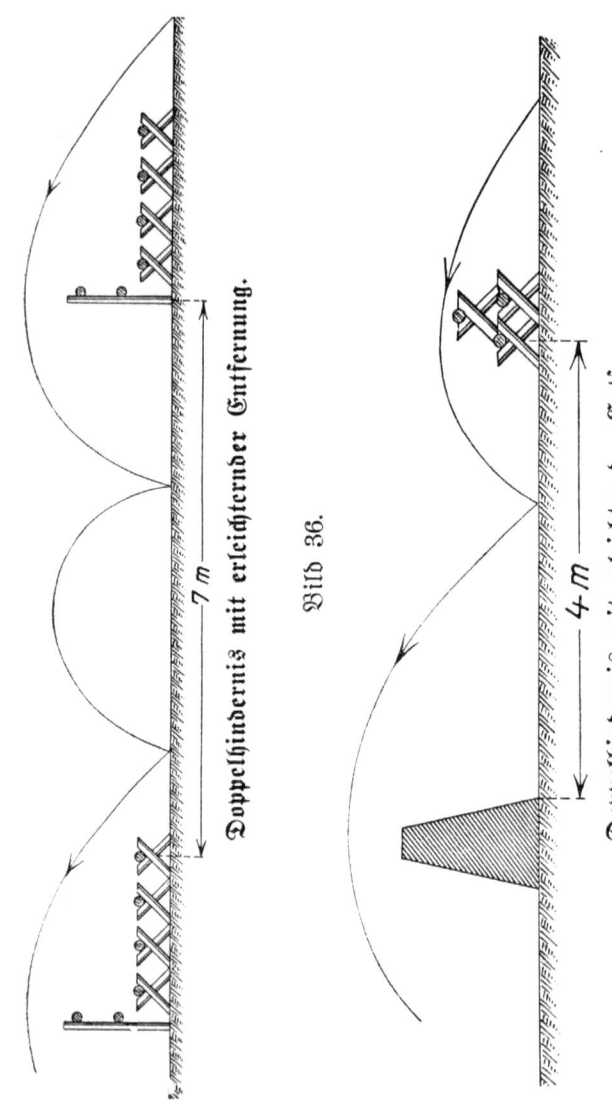

Bild 35.

7 m

Doppelhindernis mit erleichternder Entfernung.

Bild 36.

4 m

Doppelhindernis mit erleichternder Entfernung.

Bei der Arbeit des Freispringens über mehrere hintereinander aufgebaute Hindernisse entsteht leicht die Gefahr, daß die Pferde verlernen, sich fliegen zu lassen. Sie müssen daher zwischendurch immer wieder im freien Tempo über ein einzelnes, in der Mitte der langen Seite stehendes Hindernis geschult werden.

38. Der Reiter im Sprung.

(Sitz im Sprung s. Ziff. 9 und Bilder 37—42.)

Das Anreiten geschieht senkrecht auf die Mitte des Hindernisses. Zieht das Pferd das Hindernis an, so

Bild 37.

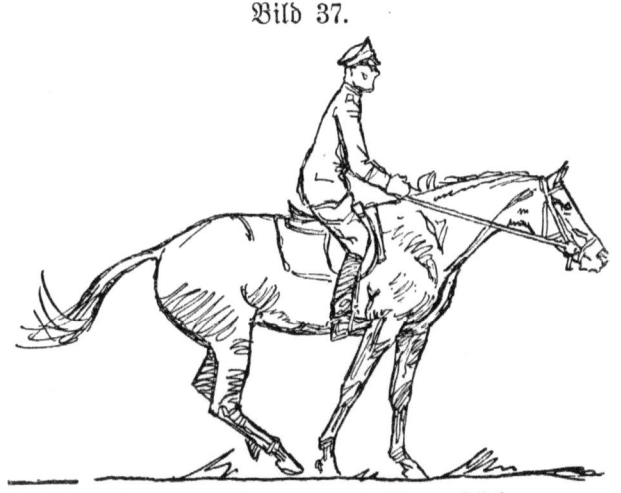

Reiter im Sprung. 1. Augenblick.

ist ihm, ohne die Verbindung mit dem Maule und ohne die treibenden Hilfen aufzugeben, so viel Zügelfreiheit zu gewähren, wie es dem Reiter abverlangt. Bei unsicher springenden Pferden steigern sich die treibenden Hilfen bis kurz vor dem Absprung.

84

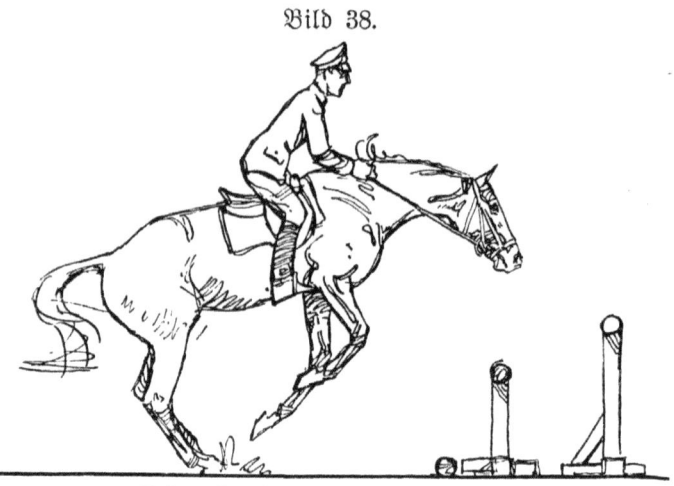

Reiter im Sprung. 2. Augenblick.

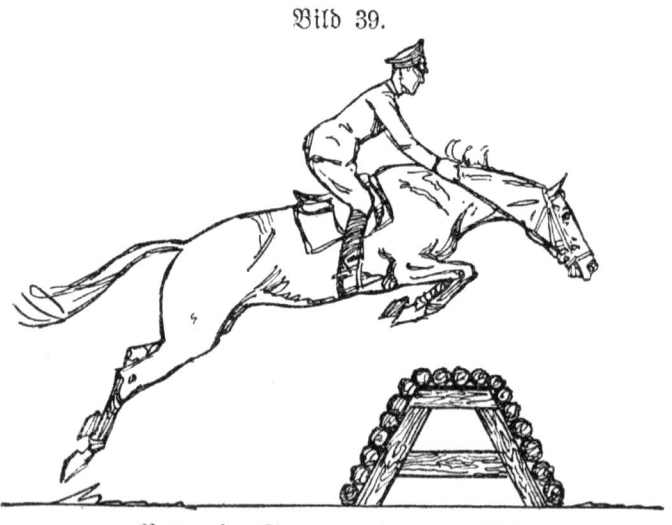

Reiter im Sprung. 3. Augenblick.

Bild 40.

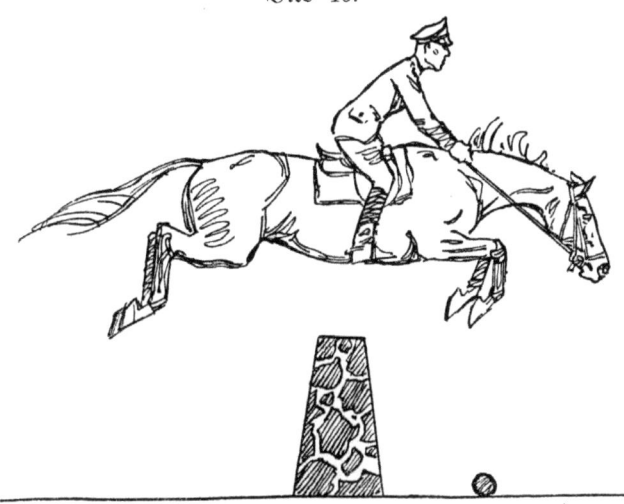

Reiter im Sprung. 4. Augenblick.

Bild 41.

Reiter im Sprung. 5. Augenblick.

Beim Absprung und während des Schwebens wird
das Gesäß entsprechend dem Vorneigen des Ober=
körpers ein wenig aus dem Sattel gehoben. Jede
Übertreibung in dieser Hinsicht macht jedoch die
Haltung des Reiters unsicher und vermindert seine
Herrschaft über das Pferd.

Bild 42.

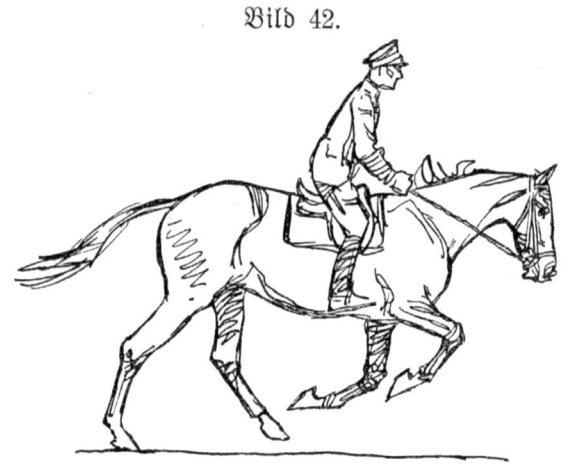

Reiter im Sprung. 6. Augenblick.

Der Oberkörper muß während des ganzen Sprun=
ges mit der Bewegung des Pferdes mitgehen. Der
Kopf des Reiters soll gut hochgehalten, der Blick über
das Hindernis hinweggerichtet werden oder den Weg
verfolgen, den der Reiter nach Überwinden des
Hindernisses zu nehmen beabsichtigt.

Knie und Unterschenkel bleiben fest am Pferd
liegen. Die Absätze sind nach unten gedrückt; die
Füße können bis zum Spann durch den Bügel gesteckt
werden.

Dem Halse, den das Pferd im Sprunge streckt, muß
in leichter Anlehnung die nötige Freiheit gelassen

Sitzfehler im Sprung:

Bild 43.

Zu hohes Gesäß, nach rückwärts rutschendes Knie, hochrutschender Absatz, nicht nachgebendes Ellbogengelenk (Pferd: Halsrückenlinie nach unten durchgebogen statt nach oben aufgewölbt).

Bild 44.

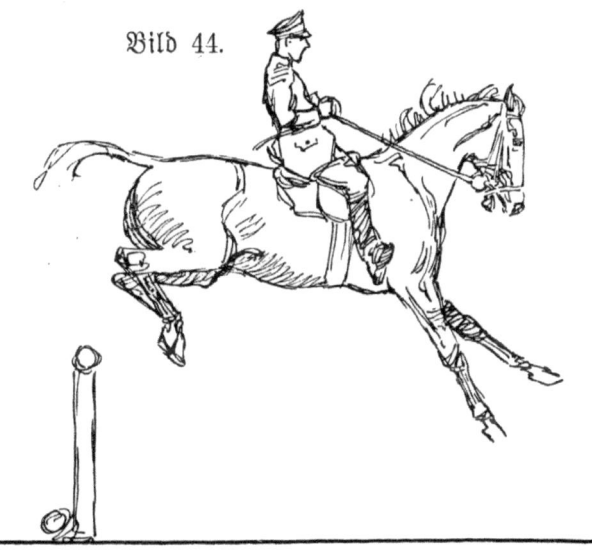

Reiter hinter der Bewegung, unnachgiebiges Schulter= und Ell= bogengelenk (Pferd kann Hals infolgedessen nicht nach vorn=unten strecken). Kein flachliegendes Knie.

werden. Der Reiter muß im Ellbogen= und Schulter=
gelenk nachgeben.

Fehlerhaft ist es, dem Pferde den Absprung an=
deuten zu wollen, oder es ganz aus der Hand zu
lassen. Wird die Anlehnung plötzlich aufgegeben,
wird das Pferd gestört.

Beim Landen dienen die Knie des Reiters als
Stoßfänger, indem sie sein ganzes Gewicht federnd
auffangen und dadurch die Vorderbeine entlasten.

Stolpert ein Pferd beim Landen, so läßt der
Reiter die Zügel durchgleiten, damit das Pferd volle
Freiheit hat, sich wieder aufzurichten. Ein langer
Zügel ermöglicht dem Pferde ein besseres Unter=
greifen der Hinterhand und kann den Reiter nicht
auf die Schultern des etwa im Fallen begriffenen
Pferdes ziehen. Es ist notwendig, daß der Reiter
vermehrten Knieschluß nimmt.

Fühlt der Reiter beim Weitsprung, daß das Pferd
mit der Hinterhand nicht richtig landet, so muß er
zu deren Entlastung das Gewicht des Oberkörpers
mehr nach vorn legen.

Die Hände werden tief gestellt, die rechte Hand
bleibt während des Sprunges rechts, die linke links
unterhalb des Mähnenkammes. Das Nachgeben er=
folgt am Halse entlang in Richtung auf das Pferde=
maul.

Bei der Führung mit einer Hand gleitet beim
Nachgeben der kleine Finger der geschlossenen Zügel=
hand am Mähnenkamm entlang.

Sowie in der Überwindung von Hindernissen sich
in irgendeinem Augenblick des Sprunges fehlerhafte
Bewegungen oder Gewohnheiten des Pferdes zeigen,
sind diese durch besondere Anordnungen des Hinder=
nisses oder mehrerer Hindernisse abzustellen. Die
hierfür für das Springen an der Hand gegebenen

Weisungen gelten sinngemäß auch für das Springen unter dem Reiter (Ziff. 37).

Bei Kandarenzäumung sind die Zügel mit vorherrschender Trense zu teilen. Wird mit der Waffe in der Hand geritten, werden die Trensenzügel durchgezogen (siehe Ziffer 13 a, letzter Absatz).

39. Verhalten beim Springen auf ungehorsamen Pferden.

Bei richtiger Erziehung von Reiter und Pferd, sachgemäßer Anleitung und allmählicher Steigerung in den Anforderungen werden Widersetzlichkeiten vermieden oder auf ein Ausnahmemaß beschränkt werden. Treten sie dennoch auf, hat der Reitlehrer zu prüfen, ob das Pferd noch nicht weit genug gefördert ist. In diesem Falle sind die Abmessungen zu verringern oder sicher springende Pferde als Führpferde zu verwenden.

Stets muß der Reitlehrer bestrebt sein, ohne Anwendung von Strafen zum Ziel zu gelangen; nur bei ausgesprochen widersetzlichen Pferden sind sie am Platze.

Besitzt ein Reiter noch nicht die genügende Fertigkeit, ist er durch einen besseren zu ersetzen. Nie darf ein Pferd einrücken, bevor der etwa aufgetretene Ungehorsam zum mindesten an gleichartigem, wenn auch kleinerem Hindernis beseitigt ist. Es ist anzustreben, daß ein widersetzliches Pferd auch unter dem schwächeren Reiter, dem es zuerst nicht gelungen ist, das Pferd zu beherrschen, das betreffende Hindernis überwindet.

Ein Reitstock ist nur von fortgeschrittenen Reitern zu benutzen. Seitlich verwahrend ist er mit der Spitze nach unten an d e r Schulterseite zu halten, nach der das Pferd wegbrechen will. Zum Vorwärtstreiben ist der Reitstock, in die volle Hand genommen, mit der Spitze nach oben, kurz vor dem Absprung zu gebrauchen. Der Schlag soll dicht hinter dem Unterschenkel des Reiters sitzen. Zur Vermeidung von Verletzungen des Pferdes unter dem Bauch sind nur kurze, etwa 1 m lange, unbiegsame Reitstöcke zu verwenden.

a) Ausbrechen und Schiefspringen.

Die meisten Pferde brechen nach links aus, weil ihnen die Wendung nach links leichter fällt (steifer rechter Hinterfuß) und der Reiter in der Regel mit der linken Hand ungeschickter, d. h. härter als mit der rechten, ist.

Im folgenden ist die Seite, nach der das Pferd wegbrechen will, mit „äußerer Seite", die andere mit „innerer" Seite" bezeichnet.

Zeigt ein Pferd die Absicht auszubrechen, ist sofort der Zügel der äußeren Seite gänzlich abzuspannen. Selbst die geringste Anlehnung ist fehlerhaft. Die entgegengesetzte Hand bleibt stehen oder geht zur annehmenden Zügelhilfe über. Die treibenden Hilfen wirken weiter. In entsprechendem Sinne ist mit schiefspringenden Pferden zu verfahren, jedoch genügt hierbei ein Nachgeben des Zügels auf der Seite, nach der das Pferd drängt.

Läuft ein Pferd an einem Hindernis vorbei, wird es sofort zum Halten durchpariert. Hierauf wird es durch eine Vorhandswendung nach der inneren Seite in die Richtung des ersten Anreitens gewendet und dann erst vor die Mitte des Hindernisses zur Wiederholung des Sprunges geritten; die Vorhandswendung kann hierbei zur Erlangung des Gehorsams auf den inneren Zügel wiederholt werden. Stets erfolgt das zweite Anreiten mit Anlehnung am Zügel der inneren Seite. Der Zügel der äußeren Seite ist abgespannt.

b) Stehenbleiben und Steigen.

Bleibt ein Pferd d i ch t vor dem Hindernis stehen, ist es senkrecht zum Hindernis so oft rückwärts zu richten und energisch wieder anzureiten, bis es den Sprung überwindet.

Pferde, die bereits a u s e i n i g e r E n t - f e r n u n g vor dem Sprunge stehenbleiben, sind durch rasch aufeinanderfolgende, kräftig antreibende Hilfen zum Vortritt der Hinterfüße zu bewegen. (Steigende Pferde vgl. Ziff. 44.)

c) Stürmen.

Führen halbe Paraden nicht zum Ziel, wird ein Erfolg durch vieles Springen über niedere Hinder= nisse auf dem Zirkel oder in unregelmäßiger Folge erreicht werden können. Solche Pferde müssen in einiger Entfernung vom Hindernis zunächst häufig abgewendet werden.

d) Faule und laurige Pferde.

Sie sind durch kräftige vortreibende Hilfen (Schen= kel, Sporen oder Reitstock) zum fließenden Sprunge zu veranlassen. Auch Arbeit im Rudel kann für sie von Vorteil sein (Ziffer 43).

C. Geländereiten.

40. Zweck der Übungen im Gelände.

Die Verbindung von Übungen auf ebenem Huf= schlag und Springen mit Geländereiten erzielt die größte Losgelassenheit von Reiter und Pferd. Es ist

7*

Bilb 45.

Arbeit über Wall.

hierzu notwendig, daß auch beim Reitunterricht im Gelände die Pferde schulmäßig gearbeitet werden. Das in Ziffer 62 beschriebene Endziel ist beim Unterricht im Gelände auch bei alten Pferden immer wieder neu sicherzustellen.

Hierzu wird auf großen Zirkeln und langen Linien mit größeren Abständen geritten, und zwar nur im Schritt, Arbeits- und Gebrauchstrab, wobei im allgemeinen leicht getrabt wird, oder im Arbeits-, Gebrauchs- und verstärktem Galopp. Von den Pferden ist nur die Gebrauchshaltung zu verlangen. Die Bügel sind etwas kürzer zu schnallen als in der Bahn.

Während die Anforderungen in versammelnden Übungen geringer sind als in der Bahn, sind jene an die Gewandtheit und Willigkeit des Pferdes in den Übungen des praktischen Gebrauchs allmählich zu steigern. Hierher gehören vor allem:

Häufiges Angaloppieren rechts und links aus dem Trabe,

häufiger Übergang aus Gebrauchsgalopp zu starkem Galopp und umgekehrt,

ganze Paraden, ruhiges Stehen, Rückwärts-richten.

41. Übungen über unebenen Boden.

Das zuerst zu erreichende Ziel ist für den Reiter die Fähigkeit, durch geschmeidige Anpassung an die Pferdebewegungen und Entlastung des Pferderückens die richtige Rückentätigkeit des Pferdes nicht zu behindern. Diese Entlastung geschieht durch Abfedern des Oberkörpers in dem elastischen Hüft- und Knie-gelenk, sowie durch Verlagerung des Gewichts durch

die Oberschenkel auf beide Pferdehälften. Schulter=
und Ellbogengelenk müssen in Richtung auf das bei
unebenem Boden und Hindernissen vorwärts=
abwärts strebende Pferdemaul nachgeben. Gelegent=
lich muß der Reiter das Gesäß etwas aus dem Sattel
heben. Der Schenkel muß treibend wirken durch
Druck von oben nach unten in der Richtung des
Bügels, den man sich beim Vergauf= und Vergab=
reiten freihängend vorstellen muß. Der Fuß kann
durch den Bügel gesteckt werden, der Absatz ist tief,
das Knie liegt so fest, daß es in keinem Augenblick
weder nach vorn noch nach hinten oder oben rutscht.
Das Kreuz ist elastisch gespannt, die Schulter tief, der
Kopf frei nach vorwärts gerichtet.

Besonders förderlich sind Kletterübungen über zu=
nächst niedrige Einschnitte und Wälle. Die Pferde
müssen dabei den Rücken aufwölben und sich loslassen.
Daher ist diese Arbeit auch ein gutes Hilfsmittel,
Pferde unter jungen Reitern, deren aktive Ein=
wirkung noch mangelhaft ist, zur Losgelassenheit zu
bringen. Die Bewegungslinien von Reiter und
Pferd beim Vergauf= und Vergabklettern sind den=
jenigen beim auf= und absteigenden Ast beim Sprung
so ähnlich, daß Klettern auch eine sehr gute Vor=
übung für richtiges Springen ist (Bild 45).

42. Springen im Gelände.

Der Springausbildung im Gelände kommt inso=
fern besondere Bedeutung zu, als es im Gelände viel
leichter ist, die Hindernisse einladend zu gestalten. Die
Hindernisse im Gelände müssen gegenüber denen in
der Bahn folgende Vorzüge aufweisen:

Sie können vollkommen fest gebaut werden. Feste
Hindernisse sind erzieherischer für das Pferd als lose.

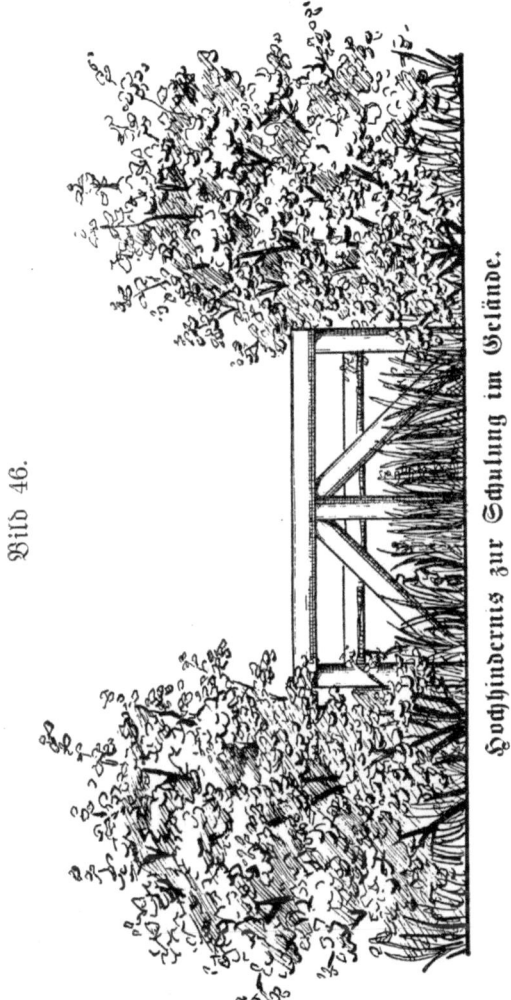

Bild 46.

Hochhindernis zur Schulung im Gelände.

Sie müssen dem Gelände angepaßt sein. Der junge Reiter und das junge Pferd lernen leichter springen, wenn die Gefahr des Ausbrechens herabgemindert wird. Hindernisse für lernende Reiter und Pferde müssen also seitlich begrenzt sein durch natürliche Begrenzungen und werden daher am besten in Hohlwegen, auf Waldschneisen oder zwischen Büschen angelegt. Solche begrenzten Hindernisse können eng sein. Enge Hindernisse haben den Vorteil, daß die Pferde davor nicht flattern können. Die Gefahr, daß sie sich angewöhnen, schief zu springen, wird dadurch geringer (s. Bild 46).

Hindernisse werden zweckmäßig der im Gelände natürlichen Umwachsung der Grundfläche angepaßt. Dadurch wird der Absprung erleichtert. Kahle Koppelricks sind eines der schwierigsten Hindernisse und daher für Lernende ungeeignet.

Das Schulen über G r ä b e n geschieht besser im Gelände als über künstlich angelegte Gräben, denen immer der eine oder andere Mangel anhaftet.

Bild 47.

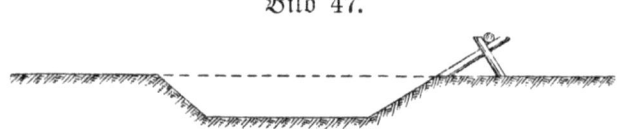

Graben mit Koppelrick.

Breitere Gräben sind leichter zu springen mit einem niederen Koppelrick oder einer sogenannten Bürste davor (s. Bild 47).

Geschmeidigkeit von Reiter und Pferd werden weiter sehr gefördert durch Auf= und Absprünge und durch Sprünge am Hang.

Bild 48.

**Aufsprung eines in der Ausbildung
fortgeschrittenen Pferdes.**

Bild 49.

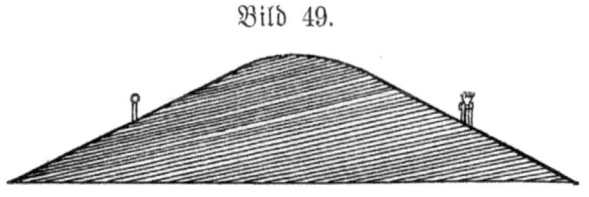

Hangsprünge.

Bei allen ungewohnten Hindernissen sind zunächst sichere Führpferde zu verwenden. Die Überwindung muß für Reiter und Pferd eine Selbstverständlichkeit sein, bevor die Ausmaße der Hindernisse vergrößert werden.

43. Arbeit im Rudel. Einzelreiten im Gelände. Jagdreiten.

Eine besondere Form des Unterrichts im Gelände ist die Arbeit im Rudel. Sie bezweckt, den Herdentrieb und den Vorwärtsdrang des Pferdes auszunutzen zur Überwindung der Furcht. Sie ist besonders geeignet, Pferde dazu zu veranlassen, sich über Weitsprünge fliegen zu lassen. Andererseits ist mit der Arbeit im Rudel der Nachteil verbunden, daß das Pferd in seinem Herdentrieb bestärkt wird.

Es ist daher notwendig, bei jeder Arbeit im Rudel Einzelreiten einzulegen. Der Reitlehrer darf dabei vor allem junge Reiter und Pferde nur vor solche Aufgaben stellen, bei denen der Gehorsam nach der vorher beobachteten Verfassung des Pferdes wahrscheinlich ist. Hierzu werden von den Pferden zunächst paarweise, später auch einzeln, Übergänge zu kürzerem Tempo und niederer Gangart verlangt, während das Rudel sich in stärkerem Tempo oder höherer Gangart in gerader Richtung entfernt. Besonders für heftige Pferde ist dieser Wechsel von Rudelarbeit und Einzelreiten unerläßlich.

Erst wenn diese Ausbildung ohne Hindernisse abgeschlossen ist, können Pferde mit Nutzen an Reitjagden teilnehmen. Bei Reitjagden müssen die Hindernisse entweder eine seitliche, natürliche Begrenzung aufweisen, die ein Ausbrechen verhindert,

oder so lang sein, daß das Feld sie bequem neben=
einander überwinden kann. Die Kunst der Anlage
von Reitjagden besteht in der Anpassung der Hinder=
nisse ans Gelände und der allmählichen unmerk=
lichen Steigerung der Anforderungen.

Der Teilnehmer am Jagdreiten muß folgende
Verhaltungsmaßregeln beachten:

Er wählt, weit vorwärts sehend, seinen Strich und
reitet gleichmäßiges Tempo. — Er vermeidet es,
andere Pferde zu kreuzen oder, besonders vor Hinder=
nissen, an sie heranzudrängen. (Daher die Not=
wendigkeit langer Hindernisse!) — Er reitet nicht von
hinten in schnellem Tempo an andern Pferden vor=
bei. Die Pferde werden hierdurch verdorben, weil
sie nicht zum ruhigen Galoppieren erzogen werden. —
Er reitet niemals dicht auf Vordermann, da er hier=
durch diesen, wenn er zu Fall kommt, gefährdet. —
Heftige und unsicher springende Pferde reitet er auf
äußeren Flügeln. Verliert er die Herrschaft über das
Pferd, so begibt er sich in großem Bogen nach außen
aus dem Jagdfeld heraus. — Verweigert ein Pferd
den Gehorsam, so darf den andern Reitern niemals
der Weg verlegt werden. Das Pferd wird später er=
neut angeritten. — Stürzt das Pferd, so versucht der
Reiter, seitwärts loszukommen und über die Schulter
zu rollen, ohne den Zügel loszulassen. Dadurch
nimmt er Rücksicht auf das Jagdfeld, das nicht durch
sein herrenloses Pferd gefährdet wird und wahrt sich
die Möglichkeit, weiterzureiten.

Richtig betrieben, hat das Jagdreiten für den
Reiter einen hohen erzieherischen Wert.

VII. Verhalten auf ungehorsamen Pferden.

44. Durch sachgemäße Ausbildung wird der Gehor=
sam dem Pferde so zur Gewohnheit werden, daß
ernstliche Widersetzlichkeiten zu den Ausnahmen ge=
hören. Ungehorsam wird sich am häufigsten bei schlecht
gerittenen und falsch erzogenen Pferden zeigen.

Der Reiter muß nicht nur darauf bedacht sein, bei
vorkommendem Ungehorsam seinen Willen durchzu=
setzen, sondern er muß auch die Ursachen des Unge=
horsams zu erkennen und abzustellen suchen.

Der Ungehorsam ist am leichtesten auf losgelassenen
Pferden zu überwinden. Auf nicht entspannten Pfer=
den dagegen ist die Aussicht auf Erfolg der gegebenen
Hilfen viel geringer, die Möglichkeit, daß durch er=
folglosen Kampf weitere Nachteile in der Erziehung
des Pferdes entstehen, bedeutend größer.

Am schnellsten und sichersten werden ungehorsame
Pferde von guten Reitern korrigiert. Bei ungeübten
Reitern, die mit ihren Hilfen nicht durchkommen,
kann sich der Ungehorsam leicht bis zu heftiger Wider=
setzlichkeit steigern.

Bei der Korrektur ungehorsamer Pferde sind stets
die Zügel zu teilen.

Nötigen die Umstände dazu, den Gehorsam durch
Kampf zu erzwingen, so muß der Reiter trotz der da=
bei unentbehrlichen Energie stets seine Ruhe und
Überlegung bewahren. Etwa notwendige Strafen
müssen indessen mit Nachdruck gegeben werden.

Für die Korrektur der am häufigsten vorkommen=
den Untugenden werden im folgenden Anhaltspunkte
gegeben. Die Hinweise für Reitlehrer gelten vor allem
für Abteilungen junger Reiter und junger Pferde.

a) Scheuende Pferde.

Reitlehrer.

Das Pferd wird im Rudel hinter Führpferden an dem Gegenstand vorbeigeritten. Allmählich wird das Rudel aufgelockert, schließlich werden die Führpferde weggelassen.

Reiter.

Der Reiter stellt den Kopf des Pferdes zunächst nicht gegen den Furcht erregenden Gegenstand, sondern nach der Seite, nach der das Pferd ausweichen will und treibt es mit abgewandtem Kopf vorbei, also bei Gegenstand links im Rechts-Schenkelweichen.

b) Nach dem Aufsitzen bockende und steigende Pferde.

Reitlehrer.

Das Pferd ist durch Bearbeitung ohne Reiter, d. h. Arbeit an der Leine, Springen an der Hand, u. U. freies Laufen in einer Bahn vor dem Aufsitzen zur Entspannung zu bringen. Pferd muß längere Zeit vor dem Aufsitzen gesattelt werden. Gurt darf erst nach längerem Aufliegen des Sattels angezogen werden.

Reiter.

Der Reiter versucht, das Pferd vorwärts zu reiten. Mißlingt dies, sitzt der Reiter leicht und fängt die Stöße mit vorgeneigtem Oberkörper im federnden Knie- und Fußgelenk ab. Beim Steigen biegt der Reiter das Pferd außerdem nach der nachgiebigeren Seite, u. U. bis zu seinem Knie, ab.

c) **An andern Pferden oder an Örtlichkeiten klebende Pferde.**

Reitlehrer.

Das Pferd wird zu-
nächst mit zwei Neben-
pferden als Führpferde
aus der lockeren Abtei-
lung herausgeritten. All-
mählich fallen die Führ-
pferde weg, die Zwischen-
räume werden allmählich
verengt. Vorhalten der
Futterschwinge und An-
führen am Backenstück
kann im Anfang ange-
wandt werden. Sinnge-
mäß wird beim Kleben an
Örtlichkeiten verfahren.

Reiter.

Der Reiter stellt das
Pferd ruhig vermehrt an
den Zügel, stellt es, wenn
es sich gegen das Neben-
pferd stemmt, nach dieser
Seite und gebraucht ver-
mehrt den inneren Schen-
kel. U. U. nimmt er es
einige Schritte zurück.
Dann treibt er energisch,
die treibenden Hilfen
u. U. durch Zungenschlag
unterstützend.

d) **Durchgehende Pferde.**

Reitlehrer.

Da die Ursache meist
darin liegt, daß Pferde
nicht an das Gehen im
Rudel in erhöhter Gang-
art mit häufigen Para-
den zum Schritt gewöhnt
worden sind, so ist diese
Übung häufig zu wieder-
holen.

Reiter.

Der Reiter gibt bei ela-
stisch gespanntem Kreuz
einseitige, nachdrückliche
Anzüge und gibt dann
wieder nach. Er versucht,
das Pferd auf einem gro-
ßen Kreis abzuwenden
und diesen zu verkleinern.

VIII. Bearbeitung des Pferdes ohne Reiter.

45. Ausrüstung bei der Leinenarbeit.

Man benötigt eine etwa 7 m lange Leine, eine Peitsche von solcher Länge, daß man das Pferd jederzeit mit ihrer Schnur erreichen kann, und ein Paar Ausbindezügel. Kappzaum und Laufgurt sind zweckmäßig.

Das Pferd wird ausgebunden mit zwei Zügeln, die die doppelte Länge vom Sattel zum Maul haben.

Bild 50.

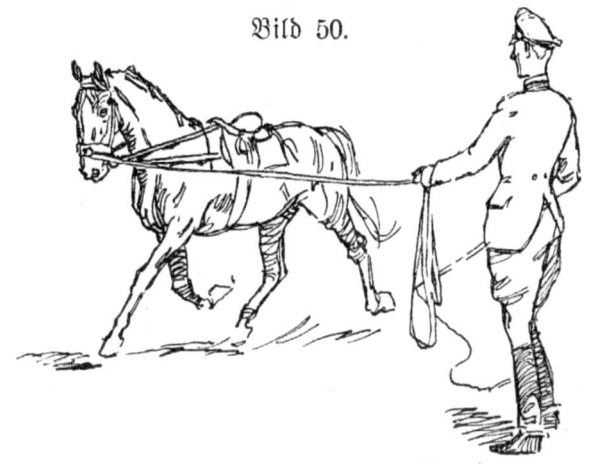

Leinenarbeit ohne Gehilfen.

Sie werden auf jeder Seite mit dem einen Ende am Aufhängeriemen festgemacht, dann durch die Trensenringe geführt und am Gurt in einer Höhe, die je nach dem Zweck wechselt, befestigt. Man kann statt dessen auch gewöhnliche Ausbindezügel verwenden. Die in der Länge gleich zu bemessenden Zügel sind so lang zu schnallen, daß sie bei ungezwungener Haltung des Pferdes nur mäßig anstehen. Ein Einengen des Pferdehalses muß unter allen Umständen vermieden werden.

46. Verhalten des Leinenführers und seines Gehilfen.

Bei der Arbeit an der Leine wählt der Leinenführer seinen Platz so, daß er dauernd etwas vor dem Pferdekopf bleibt.

Leinenführer, die junge Pferde an der Leine arbeiten wollen, haben sich eines Gehilfen zu bedienen, dessen Aufgabe es ist, das Pferd anzuführen und die Peitsche zu handhaben. Leinenführer und Gehilfe haben in genauer Übereinstimmung zu arbeiten. Sie nähern sich stets langsam von vorn dem Pferde.

Die Leine wird in den Ring des Kappzaumes oder in den Kinnriemen der Trense geschnallt, wobei der Dorn der Schnalle nach der Brust des Pferdes zeigt. Die innere Hand (auf der linken Hand also die linke) führt die Leine, sie in Höhe des Pferdemaules haltend, während die äußere Hand die Schlinge und den in Schlägen zusammengelegten, überschießenden Teil der Leine hält. (Leinenhaltung ohne Gehilfen s. Bild 50.)

47. Die Leinenhilfen.

Die Leinenhilfen sind nur wirksam, wenn das Pferd die Anlehnung an die Leine nimmt, d. h. „an der Leine steht".

Die Hilfen bestehen im Hereinnehmen, Hinausweisen und in Paraden. Das Hereinnehmen wird angewandt bei Pferden, die aus dem Zirkel drängen. Man nimmt die Leine wiederholt an, worauf jedes-

mal ein Nachgeben zu erfolgen hat. Beim Hinaus=
weisen von Pferden, die in den Zirkel drängen, setzt
man die Leine in schlängelnde Bewegung auf das
Pferd zu, wobei die Peitsche gegen die Schulter ge=
richtet wird. Paraden und halbe Paraden gibt man
durch wiederholtes Annehmen und Nachgeben der
Leine oder durch leichtes Schütteln.

48. Die Peitschenhilfen.

Die Peitschenhilfen treiben das Pferd vorwärts.
Die Peitsche, die stets in der äußeren Hand geführt
wird, ist anfangs, bei aus der Schulter gestrecktem
Arm, gegen die Kruppe des Pferdes gerichtet. Die
Peitschenschnur schleppt nach. Ist das Pferd in der
Leinenarbeit gefördert, so senkt man den Arm so
weit, daß die Peitschenspitze sich in Höhe des Sprung=
gelenks befindet.

Ist stärkeres Treiben notwendig, so läßt man die
Schnur von hinten nach vorn und von unten nach
oben kreisförmige Bewegungen machen oder berührt
das Pferd mit der Spitze dicht oberhalb des Sprung=
gelenks.

49. Die Hilfen mit der Stimme.

Die Stimme ist ein wesentliches Hilfsmittel. Peit=
schen= und Leinenhilfen sollen grundsätzlich durch die
Stimme vorbereitet sein. Man wähle stets die
gleichen Kommandos. Zur Beruhigung und zur Ver=
kürzung der Gangarten gebe man sie gedehnt, zu
ihrem Verstärken und zu lebhafter Arbeit kurz.

Bei fortgesetztem richtigen Gebrauch der Stimme
werden die Pferde auf Zuruf ohne weiteres die ge=
wünschten Gangarten annehmen.

50. Bearbeitung des Pferdes an der Leine.

Man beginnt auf der linken Hand, weil dem Pferde die Linkswendung leichter wird.

Der Gehilfe, hinter der Leine bleibend, führt das Pferd am inwendigen Zügel auf dem Hufschlag längere Zeit im Schritt herum, damit es die Zirkellinie kennen und einhalten lernt.

Es wird dann auf Kommando des Leinenführers angetrabt, wobei der Gehilfe dem Pferd auf den Hals klopft und ihm beruhigend zuredet. Er hält es auch noch im Trabe am Zügel. Nach einiger Zeit wird zum Schritt übergegangen. Diese Schritt= und Trab= übungen werden mehrmals wiederholt. Bleibt das Pferd ruhig, so läßt der Gehilfe den Zügel los und geht dicht hinter der Leine einige Schritte vom Pferd entfernt mit. Sobald er merkt, daß das Pferd fort= stürmen will, greift er in die Leine und unter Um= ständen wieder in den Trensenzügel.

Durch diese Art und Weise vermeidet man in vielen Fällen das lästige und für die jungen Pferde nicht ungefährliche Fortstürmen im Galopp.

Hat das Pferd sich beruhigt, geht der Gehilfe lang= sam an der Leine entlang zum Leinenführer und tritt hinter ihn.

Stürmt das Pferd trotz aller Vorsicht vorwärts, so lasse man es, wenn der Galopp nicht allzu stark ist, galoppieren, wobei man es mit der Stimme beruhigt und nach einiger Zeit unter Zuruf des Kommandos „Trab" und Schütteln der Leine zur Ruhe bringt.

Gelingt dies nicht oder ist der Galopp so wild, daß das Pferd Gefahr läuft, hinzufallen, so geht der Gehilfe von vorwärts mit hochgehobenen Armen an das Pferd heran, um es aufzufangen, zu beruhigen und neu anzuführen.

Bricht das Pferd beim Nichtvorhandensein eines abgegrenzten Zirkels aus der Zirkellinie aus, so hält der Leinenführer gegen. Hierbei kann es notwendig sein, um Prellungen abzuschwächen, die noch etwa vorhandenen Leinenschläge zögernd sich aus der Hand ziehen zu lassen. Der Gehilfe führt das Pferd wieder an.

Es empfiehlt sich, bei diesen ersten Übungen bei lebhaften Pferden die Peitsche noch nicht zu nehmen. Als treibende Hilfe genügt meist die Stimme, verbunden mit dem Hochheben des äußeren Armes.

Erst wenn das Pferd sich beruhigt hat, nimmt der Gehilfe sehr vorsichtig die Peitsche.

Hält das Pferd im ruhigen Trab ungefähr die Zirkellinie, geht man zum Schritt, dann zum Halten über. Das Pferd ist für seine Folgsamkeit zu beloben.

Zum Handwechsel, der erst vorgenommen wird, wenn das Pferd sich vollkommen beruhigt hat, führt man es anfangs herum. Später kann man mit Hilfe der angelegten Peitsche eine Vorhandwendung ausführen lassen.

Mit einer längeren Schrittübung ohne Ausbindezügel wird die Unterrichtsstunde geschlossen. Auf den Kräftezustand des jungen Pferdes ist bei den Anfangsübungen ganz besonders Rücksicht zu nehmen.

Hat das Pferd nach einiger Zeit die Scheu vor der neuen Arbeit verloren, wird es willig in seiner natürlichen Haltung vorwärtsgehen. Es kommt nun darauf an, daß das Pferd lernt, gleichmäßig und losgelassen zu traben. Es muß dabei an den Zügel und an die Leine herankommen.

Pferde, die mit der Nase zu hoch gehen, werden tiefer, die zu tief gehen, höher ausgebunden.

8*

Bei jungen Pferden ist der Grund=
satz zu beachten, daß sie sich an den
Zügel heranstrecken sollen, aber nicht
an den Zügel herangenommen werden
dürfen.

Zu eng geschnallte Ausbindezügel haben meist un=
natürlich enge Hälse mit herausgedrücktem Unter=
hals, mangelnde Losgelassenheit, namentlich des
Rückens, verlorengehende Schulterfreiheit oder ge=
spannte unreine Gänge mit schlechtem Nachschub zur
Folge.

Läßt das Pferd den Hals fallen und sucht es den
Zügel, so muß es ihn auch finden können.

Diesen Grundsatz muß man sich bei der Leinen=
arbeit immer vor Augen halten. Die Länge der
Ausbindezügel bedarf während der Leinenarbeit
dauernd der Berichtigung.

Das Tempo der Arbeit muß ein frischer Arbeits=
trab sein, der hin und wieder etwas verstärkt werden
kann.

Will man den Galopp entwickeln, so geschieht dies
am besten aus dem ruhigen Trab, wobei man durch
hebende Anzüge die Trabbewegung stört, dabei mehr=
mals hintereinander Galopp kommandiert und mit
der Peitsche treibt.

Springt das Pferd nicht an und stürmt es statt
dessen im Trabe fort, so führe man das Tempo
zurück und beginne von neuem.

Man erstrebe einen natürlichen Galopp und mache
anfangs die Galoppübungen kurz. Fällt das Pferd
trotz treibender Hilfen aus dem Galopp wieder in
den Trab, so ist dies meist ein Zeichen, daß dem
Pferde der Galopp schwer wird. Man schließe die
Übung, gewähre eine Ruhepause und lasse nach

dieſer von neuem galoppieren. Nach dem Galopp läßt man etwas traben und dann Schritt gehen.

Das Ziel der Leinenarbeit iſt er= reicht, wenn die jungen Pferde mit langem Halſe, vorwärts=abwärts ge= richteter Naſe, am Zügel und an der Leine ſtehen, völlig losgelaſſen und ruhig traben und galoppieren ſowie Schritt gehen.

51. Abkauenlaſſen und Biegen an der Hand.

Als Mittel zur Erzielung der Nachgiebigkeit im Genick und im Kiefer auf den Ladendruck des Mund= ſtücks dient das Abkauenlaſſen an der Hand auf Trenſe. Es hat den Vorteil, daß es bereits vorgenommen werden kann, bevor das Pferd gelernt hat, das Gewicht des Reiters zu tragen, und ehe es den Schenkelhilfen gehorcht.

Der Reiter ſtellt ſich vor das Pferd und erfaßt mit der linken Hand den rechten, mit der rechten Hand den linken Trenſenzügel dicht an den Trenſen= ringen. Beide Zügelenden befinden ſich in der linken Hand. Der Reiter übt dann mit beiden Händen einen weich beginnenden, dann gleichmäßig wechſelnden Druck mit dem Trenſenmundſtück ſenkrecht auf die Laden aus, um das Pferd dadurch zur Nachgiebigkeit im Genick zu bewegen. Sobald es die Neigung dazu zeigt, gibt der Reiter nach, ſo daß als Folge der erhöhten Nachgiebigkeit eine kauende Tätigkeit des Mauls entſteht.

Hat ſich das Pferd an den Druck des Gebiſſes auf beide Laden gewöhnt, ſo beginnt man mit dem Biegen an der Hand.

Der Reiter ſtellt ſich vor das Pferd und erfaßt die Zügel wie zum Abkauenlaſſen. Will er das Pferd

z. B. rechts biegen, so nimmt die linke Hand den Kopf und Hals des Pferdes nach der rechten, jetzt inneren Seite herum, während die rechte Hand in der Richtung nach der rechten Schulter des Abbiegenden oder — je nachdem — in tieferer oder höherer Richtung wirkt und vorzieht.

Der Reiter muß die Wirkung beider Hände dahin in Übereinstimmung bringen, daß der Hals des Pferdes nur so weit an der Biegung teilnimmt, daß der Mähnenkamm nach der inneren Seite überkippt und die Biegung mehr an den Ganaschen stattfindet.

52. Übertretenlassen an der Hand.

Diese Übung fördert die Losgelassenheit und den Gehorsam auf einseitige Hilfen.

Man beginnt auf der linken Hand. Das Pferd ist mit dem äußeren Trensenzügel oder einem Ausbindezügel so ausgebunden, daß Hals und Kopf geradeaus gestellt sind. Der Reiter tritt an die inwendige Schulter des Pferdes, ergreift den inneren Trensenzügel dicht am Trensenring und treibt mit der in der rechten Hand gehaltenen Gerte (etwa 120 cm lang und elastisch) durch Berühren dicht oberhalb des Sprunggelenks die Hinterhand um die Vorhand herum. Dabei ist es wichtiger, daß das Pferd vorwärts=seitwärts, als nur seitwärts übertritt. Verhält sich das Pferd und will nicht vorwärts, so muß es mit der Hand immer wieder nach vorwärts gezogen werden. Die Gerte unterstützt nötigenfalls durch Vortreiben. Die Hand, die den Zügel führt, muß sich hüten, rückwärts zu arbeiten. Zuerst begnüge man sich damit, daß das Pferd mit der Vorhand etwa den Hufschlag einer normalen Volte beschreibt. Bei zunehmender Ausbildung lernt das Pferd so die Wendung auf der Vorhand an der Hand.

IX. Bearbeitung von Pferden mit Gebäudefehlern.

53. Bei Pferden mit Gebäudefehlern ist es besonders notwendig, das Pferd zur Losgelassenheit zu bringen. Bearbeitung ohne Reiter an der Leine oder Springen an der Hand sind oft geeignete Mittel dazu.

Pferde mit Gebäudefehlern, die ruhig und taktmäßig treten, werden zweckmäßig zunächst im Gebrauchstempo und Leichttraben auf langen Linien oder großen Zirkeln geritten. Bodenrick-, Spring- und Kletterübungen unter dem Reiter sind bei den meisten Pferden ein geeignetes Mittel zur Erzielung der Losgelassenheit, da bei sachgemäßer Arbeit die Pferde dabei auch unter schwächeren Reitern den Rücken aufwölben und den Hals nach vorwärtsabwärts strecken.

Sowohl an der Leine wie unter dem Reiter kommt es darauf an, daß das Strecken des Halses nach v o r w ä r t s = a b w ä r t s eintritt und d a ß k e i n e s f a l l s d i e u n t e r e H a l s l i n i e n a c h u n t e n d u r c h g e b o g e n i s t. O h n e G e n i c k b i e g u n g g e r i t t e n, s i n d M i t t e l t r a b u n d a l l e v e r k ü r z t e n A r b e i t s t e m p o s, a l l e W e n d u n g e n u n d Ü b u n g e n i m S c h e n k e l w e i c h e n o d e r V i e r e c k v e r k l e i n e r n s c h ä d l i c h.

Ergibt es sich, daß weder durch Arbeit an der Leine, noch durch Freispringen, noch durch die beschriebene Arbeit unter dem Reiter die für die weitere Bearbeitung erforderliche Entspannung eintritt, dann müssen solche Pferde besonders geeigneten Reitern überwiesen werden, die durch ihre Einwirkung in der

Lage sind, das Pferd zu entspannen und, wie in
Ziffer 14 und 15 beschrieben, an den Zügel zu stellen.
Auch hierbei kommt es darauf an, daß das Pferd
lernt, sich später auch an die Hand eines weniger
aktiven Reiters heranzustrecken.

X. Besondere Übungen.

54. Allgemeines.

Besondere Übungen bilden den Übergang von der
eigentlichen Reitausbildung zur vollen Kriegsbrauch=
barkeit von Reiter und Pferd. Sie sind schon bald
in den Reitunterricht im Gelände einzuflechten.

55. Geländereiten in feldmarschmäßiger Ausrüstung.

Sowie Reiter und Pferd im Gelände einige Sicher=
heit erlangt haben, ist mit Übungen in feldmarsch=
mäßiger Ausrüstung zu beginnen. Während die
Übungen bisher mehr der Hebung der Reitfertigkeit
des Reiters und der Durchbildung des Pferdes
dienten, müssen die Pferde nunmehr auch mit der
schweren toten Last für das Überwinden von Hinder=
nissen und das Klettern ausgebildet werden.

Junge Reiter müssen lernen, zu beurteilen, welche
Anforderungen an ein vollbepacktes Pferd gestellt
werden können, ihre eigene Ausrüstung unter Scho=
nung des Pferdes zu tragen, schnell auf= und ab=
zusitzen und auch unter der Gasmaske zu reiten.

Die am häufigsten vorkommenden Geländeschwie=
rigkeiten, deren geschickte Überwindung für die tak=
tische Beweglichkeit große Bedeutung hat, sind
Wasserläufe und künstliche Straßen=
sperren.

Alle sich bietenden Gelegenheiten zur Überwindung von Wasserläufen durch Klettern sind auszunutzen. Wo sie fehlen, müssen längere Anmärsche in

Bild 51.

Abrutschendes Pferd.

Kauf genommen werden. Die Ausbildung hierin muß so weit gesteigert werden, daß auch bepackte Pferde willig in Wasserläufe mit schrägem Ufer herabrutschen, wenn der Aufstieg am jenseitigen Ufer keine erheblichen Schwierigkeiten bietet. In dieser Beziehung ist das bepackte Pferd fast ebenso leistungsfähig wie das leicht gesattelte.

Gräben sind zu klettern, wenn Ränder und Boden dies zulassen.

Bei besonders steilen Hängen, die bergauf zu überwinden sind, und bei Absprüngen in bergigem Gelände auf harte Straßen kann es, besonders im Verband, oft angezeigt sein, abzusitzen und das Hindernis an der Hand zu überwinden.

Sperren in Hohlwegen oder an bewaldeten Landstraßen müssen, wenn irgend möglich, in unmittelbarer Nähe umklettert werden, um weite Umwege zu sparen.

56. Vorbereitende Übungen für die Verbands= ausbildung.

a) Gebrauchstempos.

Grundlage für die Verbandsausbildung ist sicheres Temporeiten. Es beträgt in der Minute:

im Schritt . . . . 125 Schritt,
* Gebrauchstrab 275   = ,
= Gebrauchsgalopp etwa 500 Schritt (f. nächst. Abf.),
= starken Galopp   = 700   =   (=   =   =).

Das Normaltempo im Galopp auf ebenem Gelände mit frischen Pferden beträgt 500 Schritt. Im welligen Gelände mit bepackten oder ermüdeten Pferden kann es auf 400 Schritt ermäßigt werden. Das Tempo des starken Galopps schwankt nach Lage und Gelände. Es bleibt meist dem Führer überlassen und beträgt etwa 700 Schritt.

b) Übergänge.

Flüssige Übergänge aus der Marschordnung zur Reihe, schnelles Auflösen in Rudelform und Bildung

Bild 52.

Gebrauchsschritt.

der Marschordnung sind schon vor Beginn der Verbandsausbildung in allen Abteilungen zu üben. Die Pferde müssen diese Übergänge gewohnheitsgemäß erlernen.

c) Führen von Handpferden und Koppeln.

Die Ausbildung in der Führung von Handpferden beginnt mit der Führung eines Handpferdes; erst wenn der junge Reiter hierin Sicherheit hat, wird zur Führung von 2 und 3 Handpferden übergegangen. Hierzu dürfen die Reiter selbst nur auf durchaus geeigneten Pferden beritten sein. Pferdewechſel iſt daher für dieſen Dienſt oft angezeigt. Der Pferdehalter darf mit ſeinem eigenen Pferd reiterlich kaum beſchäftigt ſein, ſo daß er in der Lage iſt, auf die Hand=pferde zu achten und ſie durch Zu=ruf und allmähliche Übergänge in die Bewegung, in erhöhte Gang=art und umgekehrt hineinzuführen.

Bild 53.

Gekoppelte Pferde.

Das Koppeln mit Koppelrie=men, Kopf am Sattel, und das Entkoppeln durch den Pferdehal=ter, der insgeſamt 4 Pferde zu be=treuen hat, muß bei Kavallerie viel geübt werden.

57. Verladen.

Flüſſiges, reibungsloſes Ver=laden iſt Vorbedingung für ſchnelle Verladung von Verbänden auf die Eiſenbahn. Da das Verladen von 8 Pferden in einem Wagen nur durch Übung erlernt werden kann, muß die Gelegen=heit hierzu für den jungen Reiter und das junge Pferd des öfteren geſchaffen werden, bevor ſie an kriegsmäßigen Verladeübungen in größerem Verband mit anſchließen=dem Transport teilnehmen.

Erleichtert wird die Ausbildung durch Anlage eines räderloſen Kaſtens in Größe eines Eiſenbahn=wagens innerhalb der Kaſerne, an dem das Ver=laden geübt werden kann.

58. Schwimmen am Pferd.

(Rettungsdienst siehe Ad. P. D. Ziffer 492 ff.)

Um größere Wasserläufe schnell zu überwinden, muß eine möglichst große Zahl von Reitern im Schwimmen am Pferd ausgebildet sein.

Es ist daher zu fordern, daß alle Freischwimmer mehrmals im Jahr mit dem Pferd schwimmen. Hierzu genügen die im größeren Verband angesetzten Geländeübungen mit Übersetzen allein nicht. Es sind vielmehr Schwimmübungen zur Einzelausbildung anzusetzen.

Der einzelne Reiter muß mit dem Schwimmen am Pferd so vertraut werden, daß er das Pferd als ein nützliches Übersetzmittel kennenlernt. Das schnelle Herstellen von Behelfsflößen für Waffen und Ausrüstung und deren Mitführung am schwimmenden Pferd muß viel geübt werden.

Zum Schwimmen der Pferde sind folgende Vorbereitungen zu treffen:

Die Reiter ziehen sich aus oder legen zum mindesten Röcke und Stiefel ab, die mit den Sätteln, dem Gepäck und den Waffen übergesetzt werden. Die Pferde sind nur auf Trense gezäumt. Die Trensenzügel liegen kurz geknotet auf dem Hals, damit der Reiter im Wasser unabhängig vom Zügel bleibt und sich nur an Mähne oder Schweif halten kann.

Beim Hineinreiten greift der Reiter mit beiden Händen in die geknoteten Zügel. Sobald das Pferd den Boden verliert und willig vorwärtsschwimmt, läßt er die Zügel los und faßt mit der rechten Hand hinter den Zügeln möglichst nahe am Widerrist fest in die Mähne.

Zu gleicher Zeit gleitet er nach links vom Pferde und läßt sich von ihm mitziehen. Bei langsam schwimmenden Pferden kann es sich empfehlen, mit der linken Hand und den Beinen mitzuschwimmen. Der Reiter muß im allgemeinen vermeiden, mit seinem Körper über dem Pferde zu liegen, weil er dadurch den Rücken zu stark belastet. Wenn dagegen das Pferd sich dem jenseitigen Ufer oder etwaigen Sandbänken und Untiefen im Strom nähert, wo es Grund findet, dann muß der Reiter so rechtzeitig über dem Rücken des Pferdes sein, daß er in den Reitsitz kommt und weiterreiten kann.

Bei zu kurzer Mähne kann man sich durch einen um den Pferdehals gelegten Bügelriemen helfen.

Streift und steigt ein Pferd beim Hineinreiten, so muß der Reiter mit einer Hand in die Mähne, mit der anderen Hand in die geknoteten Trensenzügel fassen. Hierdurch wird vermieden, daß der Reiter auf dem blanken Pferde aus dem Sitz kommt, sich am Zügel hält und das Pferd umwirft.

Um schwimmende Pferde in der Richtung zu erhalten, genügt meist Spritzen mit Wasser auf der äußeren Seite, sonst ganz leichte seitliche Anzüge am inneren Trensenzügel. Durch zu starke Zügelanzüge wird das Pferd leicht im Wasser umgeworfen.

Bei flach und sicher schwimmenden Pferden kann man sich auch am Schweif ziehen lassen. Zum Wechsel von der Mähne zum Schweif greift die linke Hand in die Mähne, die rechte nach rückwärts an den Schweif, dann wird die linke Hand losgelassen. Um wieder nach vorn zu kommen, genügt ein Klimmzug mit der rechten Hand, bis die Brust des Reiters über die Kruppe des Pferdes kommt, worauf die linke Hand nach vorn in die Mähne greift, um den Körper des Reiters weiter nach vorn zu ziehen. Dann faßt die rechte Hand wieder in die Mähne.

59. Waffenübungen zu Pferd.

Säbelübungen zu Pferde dienen neben der Hebung der Fertigkeit in der Handhabung des Säbels auch als Gewandtheitsübung. In dieser Beziehung sind besonders wertvoll Hiebe zur Erde in erhöhter Gangart (H. Dv. 299/2).

Pistolenschießen ist mit dem gemäß Schv. f. Gew. einzeln auszubildenden Reiter gründlich vorzuüben, bevor zu Übungen mit scharfem Schuß übergegangen wird. Dabei sind auch Anschläge nach links auf daneben galoppierenden Reiter und rückwärts auf verfolgenden Reiter zu üben; mit scharfem Schuß ist nur der Anschlag rechts zu üben (H. Dv. 240).

Bei allen Waffenübungen ist die Zügelhand fest auf den Mähnenkamm aufzusetzen. Für das schnelle Herumwerfen des Pferdes nach allen Seiten kommen fast nur Gewichts- und Schenkelhilfen in Betracht. Zur Gewöhnung der Pferde ist mit den Waffenübungen frühzeitig zu beginnen.

60. Streckenritte des Einzelreiters.

Am Abschluß der reiterlichen Ausbildung ist die selbständige Durchführung eines längeren Ritts (25 km) über schwieriges Gelände (teilweise bei Nacht) in vorgeschriebener Geschwindigkeit zu fordern. Vom Erfolg dieser Ausbildung hängt es oft entscheidend ab, ob die vom Führer erwarteten Ergebnisse in der Aufklärung, bei der Meldeübermittlung, beim Marsch usw. erreicht werden oder nicht.

Gutes und entschlossenes Reiten im Gelände, auch wenn der Reiter nicht beobachtet ist, richtiges Einschätzen der Leistungsfähigkeit seines Pferdes und zweckmäßiges Ausnutzen günstiger Gelände- und Bodenverhältnisse sind hierzu unerläßlich. Zweckmäßige Einteilung der Strecke, pflegliche Wartung des Pferdes bei Rasten und die Fähigkeit, einem verunglückten oder verletzten Pferd die erste Hilfe angedeihen zu lassen, beugen einer Leistungsminderung des Pferdes vor.

Dem Einzelreiter wird die G e s c h w i n d i g = k e i t , in der er die zu durchreitende Strecke zurückzulegen hat, in der Regel befohlen. Das erfolgt entweder durch die Angabe, zu welcher Zeit er spätestens am Ziel eingetroffen sein muß, oder — z. B. bei Meldereitern — durch Kreuze auf dem Meldeumschlag.

Während für das Reiten im gebirgigen oder hindernisreichen Gelände keine Zahlenanhalte gegeben werden können, gelten für die Ebene und normale Bodenverhältnisse:

$\times$ = das Kilometer in 7—8 Minuten oder etwa
8 km in der Stunde,

$\times\times$ = das Kilometer in 5—6 Minuten oder 10
bis 12 km in der Stunde.

Das 8 Std./km=Tempo kann eingehalten werden, wenn der Meldereiter etwas über ¼ der Zeit trabt, die übrige Zeit Schritt reitet.

Das 10 Std./km=Tempo kann eingehalten werden, wenn der Meldereiter etwas über ½ der Zeit trabt, den Rest Schritt reitet. Es bildet bei der Meldeübermittlung im Aufklärungsdienst die Regel.

Das 12 Std./km=Tempo kann eingehalten werden, wenn entweder fast durchweg getrabt oder ¼ der Zeit galoppiert, der Rest der Zeit vorwiegend getrabt, vorübergehend Schritt geritten wird. Dieses Tempo reitet der Meldereiter dann, wenn es sich um kurze Strecken (2—3 km) handelt, sonst nur, wenn ihm der Inhalt der Meldung als besonders dringlich bezeichnet ist.

Ist sich der Reiter allein überlassen, wählt er in den einzelnen Gangarten bei einem ruhig und gleichmäßig gehenden Pferd dasjenige Tempo, das dem Pferde am meisten zusagt. Jedes Verstärken oder Verkürzen dieses Tempos sowie jeder Versuch, dem Pferd eine andere als die gewohnte (Gebrauchs=) Haltung abzuverlangen, würde einen Mehrverbrauch an Kräften verursachen.

Einen Zeitverlust soll er durch längere Trab=strecken oder durch Einlegen eines Galopps, n i e =m a l s d u r c h s c h n e l l e r e s T e m p o a u s =g l e i c h e n.

Während der einzelnen Trabstrecken wird der Fuß nicht gewechselt. Läßt ein Pferd im Verlauf eines langen Marsches erkennen, daß ihm das Leichttraben auf einem Fuße besonders unbequem und ermüdend ist, so daß es gleichsam zu lahmen scheint, so muß der Reiter nur auf dem dem Pferde bequemen Fuß traben. Um das von der Führung vorgeschriebene Stundentempo einhalten zu können, ist es oft er=forderlich, bergab zu traben. Der Trab bergauf jedoch ist, wenn irgend angängig, zu vermeiden.

Der Reiter reitet dann auf der rechten Seite der Straße, wenn Verkehrsrücksichten dies fordern. Sonst wählt er die für das Pferd bequemste Straßenseite. Sind die Straßenränder tief und ungleichmäßig, dann ist die Straßenmitte trotz ihrer Härte vorzu=ziehen. Dies trifft auch für stark gewölbte Kunst=straßen zu.

61. Marschvorübungen.

Streckenritte sind auch eine gute Vorbereitung für Marschübungen. Die Vorbereitung größerer Märsche liegt im allgemeinen in der Zeit der Verbandsaus=bildung. Größere Marschleistungen können ohne Schaden nur nach vorherigen Marschübungen von 3—4 Wochen Dauer geleistet werden. Das Wesen der Vorübungen besteht in täglicher, 2—3stündiger ruhiger Marscharbeit im Freien, vornehmlich auf harten Straßen. Allmählich wird die Marsch=geschwindigkeit auf 7½—10 Stundenkilometer je nach dem Zweck, der verfolgt wird, gesteigert. Der wöchentlich einzulegende Übungsmarsch soll in der ersten Woche 30 km betragen, in jeder folgenden Woche um etwa 10 km auf höchstens 75 km gesteigert werden. Bei diesen Tagesleistungen ist in der Ebene ein Tempo von 7½ Stundenkilometern einschl. kleiner Rasten einzuhalten.

Die Marschvorübungen bezwecken nicht nur die Leistungssteigerung des Pferdes, sondern auch die Steigerung der Ausdauer des Reiters im Reiten und Führen sowie seine Ausbildung in der Pferde=wartung während des Marsches, auf Rasten und nach dem Einrücken.

Die für den Einzelreiter gegebenen Hinweise über Straßenbeurteilung, Bergabtraben usw. gelten auch für Märsche. Die Einhaltung der Gebrauchstempos hat auf Märschen größere Bedeutung als auf Ritten des Einzelreiters, wo dem Pferd das Tempo über=lassen wird.

Auf Übungsmärschen sind die Pferde häufig zu tränken. Vor den Rasten, während derer gefüttert wird, müssen die Pferde so lange geführt oder Schritt geritten werden, bis sie völlig beruhigt sind.

Teil C. Ausbildung der Pferde.

XI. Dressur der Pferde im 1. und 2. Jahr.

62. Ziel und Grundsätze der Dressur.

Um alle Anforderungen, die der Truppendienst an ein kriegsbrauchbares Soldatenpferd stellt, erfüllen zu können, bedarf das rohe Pferd planmäßiger gymnastischer Durchbildung seines Körpers und sorgsamer Erziehung. Beides zusammen nennt man Dressur. Sie setzt sich zum Ziel, das Pferd zur höchsten Leistungsfähigkeit auszubilden und es gehorsam zu machen. Dieses Ziel wird nur erreicht, wenn das Pferd unter Erhaltung und Förderung seiner natürlichen Anlagen in eine Form und Haltung gebracht wird, in der es seine Kräfte voll entfalten kann. In solcher Form und Haltung wird das Pferd auch den Anstrengungen des Dienstes lange gewachsen bleiben.

a) **Die Gewöhnung an das Reitergewicht.**

Die Dressur beginnt mit dem Anreiten, wobei die Leinenarbeit oder freies Bewegen als vorbereitende Hilfsmittel dienen. Die jungen Pferde sollen zunächst ohne Reiter veranlaßt werden, die durch die ungewohnte Sattelung hervorgerufene Spannung aufzugeben und sich loszulassen.

Sodann muß die Remonte das Gewicht des Reiters tragen lernen, dessen Last an die gesamte Muskulatur des Pferdes eine bisher ungewohnte Anforde-

9*

rung stellt. Besonders haben die Rücken=, Hals= und Bauchmuskeln zur Feststellung der Rückenwirbel= brücke dem Drucke des Reitergewichts entgegenzu= wirken. Sie sind beim rohen Pferde dazu von Natur aus häufig nicht kräftig genug. Steifen in Hals und Rücken, Vorwärtsdrängen, Auflegen auf die Zügel, Stolpern und andere Störungen in Haltung und Gang sind damit verbunden.

b) Takt, Losgelassenheit.

Die erste Aufgabe des Reiters ist, den Takt zu regeln (siehe Ziffer 3). Das Pferd geht im Takt, wenn die diagonalen Beinpaare im Trabe gleich= zeitig und gleichmäßig ab= und wieder auffußen. Die Regelung des Taktes erfolgt zunächst im natür= lichen Trab, also in dem Tempo, welches das Pferd in einer natürlichen Haltung von selbst annimmt, ohne zu eilen. Das Pferd soll lernen, die ohne Reiter gewonnene Haltung wiederzufinden und sich auch unter dem Gewicht des Reiters mit langem Halse und hängender Nase zwanglos zu bewegen.

Vermag es diese zwanglose Bewegung beizube= halten, dann läßt es sich los. Die Losgelassenheit ist daran erkennbar, daß das Pferd im Trabe takt= mäßig, raumgreifend, ohne zu eilen, vorwärtsgeht und das Bestreben hat, den Hals mit vorwärts= abwärtsgestreckter Nase an die aushaltende Hand heranzudehnen, daß es federnd aus dem Rücken schwingt und den Schweif ohne Spannung natürlich trägt.

Losgelassenheit des Pferdes ist die erste Vorbedingung für den Erfolg der gesamten Dressur.

c) **Entwicklung der Schubkraft und des Ganges. Anlehnung.**

Die ersten Hilfen, denen das Pferd folgen lernen muß, sind die vortreibenden. Der Gehorsam auf diese Hilfen ist die Grundlage für die gesamte weitere Bearbeitung des Pferdes.

Durch die vortreibenden Hilfen wird zunächst die Schubkraft der Hinterhand entwickelt. Das Pferd tritt an den Zügel heran, es kommt zu einer bestimmten Verbindung zwischen Reiterhand und Pferdemaul, die man Anlehnung nennt. **Diese muß das Ergebnis der richtig entwickelten Schubkraft durch die treibenden Hilfen sein. Sie darf niemals durch Rückwärtswirken mit den Zügeln gewonnen werden.**

Die Anlehnung ist richtig, wenn das Pferd dem Reiter das Gefühl einer sicheren, weichen Verbindung zwischen Hand und Pferdemaul gibt, wenn es, ohne zu eilen, in fleißiger, taktmäßiger Folge am Schenkel bleibt und mit dem Rücken so federt, daß der Reiter in aufrechter, zwangloser Form am Sattel bleiben und treiben kann. Der Grad der Anlehnung muß zunächst immer dann vermindert werden, wenn Gefahr besteht, daß das Pferd sich auf den Zügel legt, die Hinterhand schleppen läßt und den Gang verliert.

Besteht eine richtige Anlehnung, dann kann der natürliche Gang verbessert werden. Die Beine sollen dabei taktmäßig auffußen und federnd abfußen. Die Vorwärtsbewegung soll energisch, aber mühelos, niemals krampfhaft und gespannt sein. Der natürliche Gang wird gefördert durch die Einwirkung der

Schenkel, welche die Hinterbeine zu energischem Ab=
federn und Vorschwingen veranlassen.

Der Reiter muß sich auch hierbei stets mit seinem
Sitz und seinen Bewegungen dem Pferde anpassen,
seinen Schwerpunkt mit dem des Pferdes in Überein=
stimmung bringen und elastisch mitschwingen.

Er fühlt deutlich in beiden Händen und unter
beiden Gesäßknochen, daß die Arbeit der Hinterhand
sich in federnder Tätigkeit der Rückenmuskeln und in
ruhigen, gleichmäßigen und schwungvollen Tritten
äußert.

d) Geraderichten.

Bei fast allen jungen Pferden treten im Gerade=
richten Schwierigkeiten auf, die davon herrühren
daß die Pferde von Natur schief und in der Vorhand
schmäler als in der Hinterhand sind. Eine Folge
davon ist eine ungleichmäßige Zügelanlehnung. Dem
ist durch Herantreiben an den zu loderen, Nachgeben
mit dem zu straffen Zügel sowie u. U. durch breitere
Zügelführung entgegenzuwirken (siehe Ziffer 29).

e) Durchlässigkeit. Beizäumung.

Mit zunehmender Geraderichtung wird auch die
Durchlässigkeit des Pferdes verbessert. Der Schub
der Hinterhand kann nunmehr ungehindert bis in
das Maul hineinwirken und veranlaßt das Pferd,
dem Drucke des Mundstückes nachzugeben, sich im
Genick zu biegen und am Gebiß zu kauen.

Damit gewinnt das Pferd von selbst allmählich die
Beizäumung. Auch sie darf niemals durch
gewaltsames Einzwängen von Hals
und Kopf erstrebt werden. Sie muß
vielmehr das Ergebnis des Nach=

schubes der Hinterbeine gegen die aushaltende Hand sein. Nur so wird die Feststellung des Halses am Widerrist erreicht, ohne die eine sichere Verbindung zwischen Vorhand und Hinterhand nicht möglich ist.

Bei der Ausbildung handelt es sich niemals um die Bearbeitung einzelner Teile des Pferdekörpers, sondern stets um die des ganzen Pferdes. Schwierigkeiten und Widerstände, die in Steifungen des Halses und Genicks, des Rückens und der Hinterhand ihren Ausdruck finden, stehen stets in engster Wechselbeziehung zueinander. Sie können nur in der Bewegung erfolgreich überwunden werden. Nachgiebigkeit des Pferdes im Halten kann den Reiter leicht täuschen. Im entschlossenen Vorwärtsreiten dagegen wird der Reiter durch das Bedürfnis des Pferdes nach Erhaltung des Gleichgewichts in seiner Einwirkung unterstützt.

f) Entwicklung der Tragkraft. Versammlung.

Sind im ersten Ausbildungsjahr Gehlust und Schubkraft ausreichend entwickelt, eine bestimmte Zügelanlehnung gewonnen und ein genügender Grad von Durchlässigkeit erreicht, so wendet sich die Dressur im folgenden Jahr der weiteren Aufgabe zu, die Tragkraft der Hinterbeine vermehrt in Anspruch zu nehmen und damit das Pferd zu versammeln.

Eine erhöhte Tragfähigkeit der Hinterhand des Pferdes ermöglicht vermehrte Schwerpunktsverlegung nach rückwärts, Entlastung der Vorhand und Mehrbelastung der Hinterhand.

Vermehrt tragen können die Hinterbeine nur dann, wenn sie bei gutem Vortreten sich unter der ihnen von vorn zugeschobenen Last in den Gelenken zu biegen vermögen. Die vermehrte Biegung hat ein entsprechend kräftiges Strecken zur Folge. In diesem abwechselnden Biegen und Strecken der Hinterbeine beruht hauptsächlich deren gymnastische Übung.

Mit der vermehrten Tätigkeit der Hinterbeine wird gleichzeitig eine gesteigerte Durchlässigkeit erreicht. Nur wenn von hinten nach vorn wie von vorn nach hinten eine völlig sichere, durch keinerlei Widerstände des Pferdes unterbrochene Leitung besteht, kommt es zum federnden Gegeneinanderarbeiten von Hinterhand und Vorhand, das allein eine richtige Versammlung ermöglicht. Hierdurch werden auch Gang und Schwung verbessert. Alle Übungen der biegenden und versammelnden Arbeit stehen untereinander in engster Verbindung. Das Pferd lernt dabei, dem Gegeneinanderwirken der vortreibenden und verhaltenden sowie der inneren und äußeren Hilfen zu gehorchen.

Die Muskeln der Hinterhand werden aber nicht nur gestärkt durch versammelnde Übungen, sondern auch durch zweckmäßige Arbeit im Gelände und durch Springübungen.

Stetiger Wechsel zwischen Arbeit im Gelände und in der Bahn verhindert am besten nachteilige Folgen einer falschen Versammlung. Auf keinen Fall dürfen unter der versammelnden Arbeit natürlicher Gang und Schwung des Pferdes leiden.

g) Entstehung der Aufrichtung.

Je mehr es im Laufe dieser Ausbildung gelingt, die Hinterhand zu biegen und dadurch zum Stützen und Abschieben der Körperlast geschickter zu machen, je kräftiger und geschmeidiger die Muskeln von Rücken und Hinterhand werden, desto weniger wird das Pferd eine Stütze in der Hand des Reiters suchen, vielmehr Hals und Kopf je nach seinem Ge= bäude mehr oder minder hoch selbst tragen, d. h. sich aufrichten.

Eine für alle Pferde normale Stel= lung von Hals und Kopf gibt es nicht. Es muß vielmehr die für das Gebäude des Pferdes passendste Stellung gefunden werden. Die untere Linie des Halses darf niemals nach vorwärts=unten ausgebogen sein.

h) Gebrauchshaltung.

Diese dem Gebäude angepaßte Stellung von Hals und Kopf hat das Pferd in der Gebrauchshaltung. Sie bildet die Regel. Hier soll das Pferd mit schwungvollen, geräumigen Tritten und federndem Rücken, losgelassenem Genick und Hals, Nase dicht vor der Senkrechten, bestimmt, aber leicht am Zügel stehen und sich im zwanglosen Gehorsam an den Hilfen des Reiters selbst tragen. Dieser muß gelernt haben, durch richtiges Zusammenwirken der Hilfen die etwa verlorengegangene Gebrauchshaltung immer wieder sicherzustellen.

Das Endziel ist erreicht, wenn das Pferd von einem Durchschnittsreiter leicht in der Gebrauchshaltung zu reiten ist und im Gelände allein= gehend sicher beherrscht werden kann.

Bild 54.

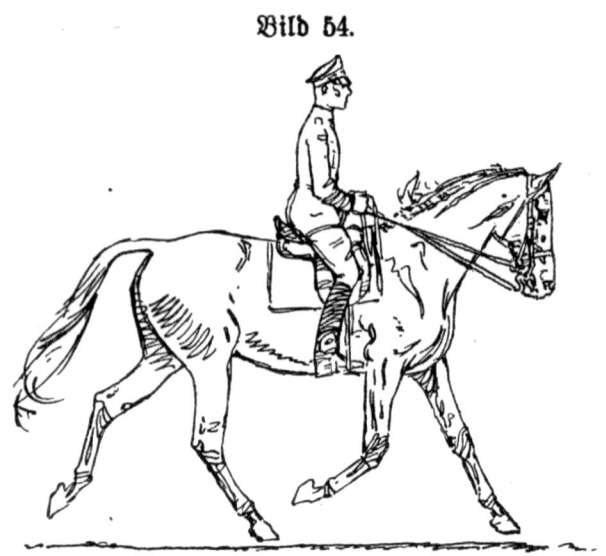

Gebrauchstrab (Reiter leicht trabend).

i) Dressurhaltung.

Die beste Stellung von Hals und Kopf ist die, bei
der der Hals sich frei aus dem Widerrist erhebt und
die Kammlinie in ihrem oberen Teile einen zum
Genick sanft gewölbten Bogen bildet, dessen höchster
Punkt das Genick ist; der Kopf wird mit seinem
vorderen Rande — von Stirn bis Nase — senkrecht
getragen. Eine solche Stellung — Dressurhaltung —
ermöglicht dem Reiter die beste Hebelwirkung auf die
Hinterhand. Der beschriebene Grad von Aufrichtung
und Beizäumung darf aber vom Pferde nur im
Halten und in versammelten Gängen kurze Zeit
gefordert werden. In freieren Gängen muß ihm der
Reiter ein Längermachen des gebogenen Halses und
ein leichtes Vornehmen der Nase gestatten.

A. Junge Remonten.
(Einteilung in Reitabteilungen Ziff. 96—101.)

63. Behandlung des jungen Pferdes.

Die richtige Erziehung der jungen Remonten ist ausschlaggebend für deren spätere Eignung. Jeder Anlaß zum Ungehorsam ist zu vermeiden, damit es nicht zu Kämpfen mit dem Reiter kommt. Bei der Abstellung etwa auftretenden Ungehorsams stehen die in Ziffer 44 gegebenen Abhilfen des Reitlehrers vor denen des Reiters.

Sorgsame, liebevolle und ruhige Behandlung der Pferde ist im Stall ebenso wichtig wie in der Reit= stunde.

Für Lob und Strafe hat das Pferd ein sehr ent= wickeltes Erinnerungsvermögen. Bei allen Anzeichen von Furcht oder Aufgeregtheit muß zunächst ver= sucht werden, beruhigend einzuwirken. Vorhalten der Futterschwinge, Klopfen auf den Hals und be= ruhigende Stimme des Reiters sind hierzu bewährte Mittel.

64. Erste Sattelung und Zäumung.

Das Verpassen der Sättel und das erste Satteln und Zäumen erfordern besondere Vorsicht und Sorg= falt. Anfangs ist das Satteln am besten erst nach freiem Bewegen (Ziffer 65) vorzunehmen. Der Sattel wird zuerst nur leicht angegurtet und erst nach längerer Pause etwas stärker angezogen. Die Trense wird aufgelegt, während das Pferd noch an der Krippe steht.

Dem rechtzeitigen Nachsatteln während der Arbeit muß immer wieder Aufmerksamkeit zugewandt wer= den. Ist bei einzelnen Remonten wegen noch mangelhafter Haltung von Hals und Kopf oder

Ausbildungsplan für junge

	Erste Arbeit bis Ende September	Oktober
Lösende Übungen.	Leinenarbeit.	Nachzügler Springen
	Reiten im Rudel anfangs hinter einigen Führpferden.	
		Langmachen des Hal= ses mit vorwärts/ abwärts gerichteter Nase.
		Abkauen lassen
		Einzelne Pferde, die sich anbieten, galop= pieren für kurze Zeit.
Versammelnde Übungen.		
Gangarten und Tempos.		Schritt mit
		Natürlicher Trab (Leicht= Galoppieren einzelner Pferde siehe oben.

Remonten als Anhalt.

November	Dezember	Januar

vor oder nach der Stunde Leinenarbeit.
an der Hand bis 40 cm.

November	Dezember	Januar
Durcheinanderreiten mit häufigem Handwechsel.	Wie November.	Wie November.
Heranstreckenlassen an die Hand mit vorwärts/abwärts gerichteter Nase.	Wie November.	Wie November.
Wendungen im Ganze u. auf der Vorhand.	Wie November.	Wie November.
Erstes Durchreiten der Ecken. unter dem Reiter.	Schlangenlinien an der langen Seite, dabei Biegen unter dem Reiter, erst im Schritt, dann im Arbeitstrab.	
Treten über am Boden liegende Bodenricks.	Zügel aus der Hand kauen lassen im Schritt und Arbeitstrab zur Prüfung der Losgelassenheit. Bodenrickarbeit bis zu 15 cm hoch.	Wie Dezember.
		Erstes Reiten auf dem Zirkel.

hingegebenen Zügeln.   Schritt am langen
                                              Zügel.
traben), Arbeitstrab, Zulegen im Arbeitstrab und umgekehrt.
      Galoppieren mit allen Pferden.   Arbeitsgalopp mit
                                              hingegebenem Zügel.

	Erste Arbeit bis Ende September	Oktober
Übergänge (von diesen sind nur einzelne aufgeführt).		
Spring- und Geländeausbildung.		Reiten im Rudel, in
Erziehung und Gewöhnung.	Satteln und Zäumen.	Stillstehen beim Auf-
Ziele.	Gewöhnung an den Reiter.	Takt, Losgelassenheit. Keine Anlehnung.

November	Dezember	Januar
Angaloppieren durch Verstärken des Arbeitstrabs.	Übergang v. Schritt zum Halten u Wiederanreiten im Schritt, v. Arbeitstrab zum Schritt. Vom Arbeitstrab zum Schritt u. umgekehrt auf dem Zirkel.	

der Reihe und in der Marschordnung über unebenen Boden.

sitzen, bei allen Freiübungen.

Stillstehen ohne Anlehnung beim Aufmarschieren.

Reiten mit Zügeln in einer Hand.

Beginn der Anlehnung, Entwicklung der Schubkraft und des Ganges. Geraderichten.

	Februar	März	April
Lösende Übungen.		Springen an der Hand bis 60 cm	
	Durcheinanderreiten mit häufigem Handwechfel.	Wie Februar	Wie Februar
	Herausstreckenlassen an die Hand mit vorwärts / abwärts gerichteter Nafe.	Wie Februar	Wie Februar
	Wendungen im Gange und auf der Vorhand.	Wie Februar	Wie Februar
	Zügel aus der Hand kauen lassen i Schritt Arbeitstrab u. Arbeitsgalopp zur Prüfung der Losgelassenheit.	Wie Februar	Wie Februar
	Erste Kehrtwendungen aus der Ecke		Erstes Schenkelweichen im Schritt.
Versammelnde Übungen.	Erste Anwendung der halben Parade.	Verbesserung der halben Paraden.	Verbessert Reiten durch Ecken und auf dem Zirkel, verstärkte Anwendung der äußeren Hilfen durch Nachgeben am inneren Zügel. Vor- und Zurücktreten 1—2 Schritt.

Mai	Juni	Juli bis September
Höhe.	**Besichtigung.**	
Wie Februar	Anforderungen.	
	a) Einzeln:	
Wie Februar	Schritt: Schritt mit hingegebenem Zügel und am langen Zügel.	
	Trab: Arbeitstrab mit Anlehnung. 275× Trab nach Tempomarken. Leichttraben.	
	Galopp: Arbeits= und Mittelgalopp auf bestimmte Strecken.	
Wie Februar	In allen 3 Gangarten Zügel aus der Hand kauen lassen zur Prüfung, ob das Pferd den Hals dabei nach vorwärts/abwärts dehnt, ohne zu eilen.	
	Reiten mit Zügeln in einer Hand.	
	Paraden, Übergänge und Wendungen an bestimmten Punkten.	
Wie bisher. Kehrtwendung im Gange mit verkleinernden äußeren Hilfen. Volten erst im Schritt, dann im Arbeits= trabe*).	Springen. Klettern, Gelände= und Truppengewöhnung.	

*) Bei Z=Pferden nur solche mit besonderer Anlage.

Reitvorschrift.   10

	Februar	März	April
Gangarten und Tempos.		Schritt am langen Zügel.	
	Verstärken des Arbeitstrabs.		Mitteltrab auf kurze
			Temporeiten im
	Arbeitsgalopp am langen und mit hingegebenem Zügel.	Arbeitsgalopp.	Verstärken des Arbeits= galopps.
			Arbeitsgalopp auf
Ganze Paraden und Über= gänge (v. die= sen sind nur einzelne auf= geführt).	Parade vom Schritt zum Halten und Wiederanreiten Vom Arbeitstrab zum Schritt und Arbeitstrab verstärken und Parade aus dem Arbeitstrab auf Übergänge und Paraden an Punkten einzeln		
Spring= und Geländeaus= bildung.	Springen unter dem Reiter über einfache Hindernisse bis 50 cm hoch, Gräben bis 1,50 m breit*)		Dasselbe im
		Klettern auf Hängen, durch durch Gräben, Gewöhnung lände, Reiten erst zu zweien, nach	
Erziehung und Gewöhnung.	Erstes ruhiges Stillstehen mit leichter Anlehnung in der auf marschierten Abteilung ohne Rich= tung, sowie einzeln an beliebigen Punkten der Bahn, während andere Pferde in Bewegung sind.		Wie März. Kurzes Abt= Reiten mit Ab= ständen im Schritt u. Trab.
Ziele.	Wie November bis Januar.	Verbesserung der Anlehnung, Truppen=, Straßen=	

*) Bei Z=Pferden nur solche mit besonderer Anlage.

Mai	Juni	Juli bis September
auf längere Strecken. 275×-Trab. Mittelgalopp.	b) In der Abteilung auf abgegrenztem Viereck: Schritt am langen Zügel. Arbeitstrab, Tempowechsel, Mitteltrab. Galopp: Arbeitsgalopp auf 2 Zirkeln auf beiden Händen. Mittelgalopp auf langen Linien.	Erhaltung des bisher erreichten Ausbildungsgrades. Verstärken des Mittelgalopps zum Gebrauchsgalopp. Springen an der Hand bis 1 m hoch in erleichternden Entfernungen*).
2 Zirkeln.	In allen 3 Gangarten einzelne Pferde gegen die Abteilung und durch die aufmarschierte Abteilung reiten lassen.	
im Schritt. umgekehrt. umgekehrt. dem Zirkel. bestimmten üben.	Aufmarschieren im Schritt zur Abteilung. Pferde stehen ruhig am langen Zügel gerade und in guter Richtung.	
Gelände.		
Wasser und an das Ge- dann einzeln Richtpunkten.		
Wie April. Aufmarschierte Abteilung: Pferde gerade und in guter Richtung		

des Geraderichtens, der Durchlässigkeit und des Schwunges. und Gefechtslärmgewohnung.

wegen zu starken Bauches eine richtige Sattellage nicht zu erzielen, so kann bis zur Gewinnung besserer Haltung und Form ein Vorgurt verwendet werden. Ebenso fehlerhaft wie der zu weit nach vorn liegende ist der zu weit nach hinten liegende Sattel. Falsch ist auch ein zu festes, die Atmung beengendes Gurten.

Auch die Trensen müssen von Anfang an sorg= fältig verpaßt werden. Bei Pferden, die dazu neigen, die Zunge über das Gebiß zu nehmen und sie aus dem Maul zu strecken, ist der Nasenriemen enger zu schnallen.

65. Arbeit an der Leine und freies Bewegen.

Alle Pferde sind zunächst entweder frei zu bewegen oder unter Benutzung des Kappzaumes an der Leine zu arbeiten. Das Pferd soll durch diese Arbeit zur Entspannung, zu gleichmäßigen, ruhigen Tritten und zum Herandehnen des Halses an das Gebiß mit vor= wärts=abwärts gerichteter Nase gebracht werden. Da= durch sollen die Rückenmuskeln gelöst, gekräftigt und zum Tragen der Reiterlast vorbereitet werden.

Ist aus Mangel an Personal die Arbeit an der Leine nicht möglich, so können die Pferde auch zur Erzielung der Losgelassenheit ohne Reiter und Leine vollständig frei bewegt werden.

Hierzu wird die Reitbahn wie folgt hergerichtet: 2½ m von der Bande entfernt wird eine Ab= grenzung durch Stangen oder Leinen hergestellt, die ein Hineinlaufen der Pferde in das Innere der Bahn verhindern soll.

Zwei ruhige, ältere Pferde unter dem Reiter gehen voraus als Führpferde. Sie sollen das Tempo regeln und verhindern, daß die hinter ihnen gehen= den Remonten nach vorn durchbrechen.

Die zu bewegenden Remonten werden zunächst einzeln an der Trense, Zügel geknotet und unaus=

gebunden, mit Abständen von 1—2 m im Schritt hinter den Führpferden geführt. Nachdem sie sich hierdurch etwas beruhigt haben, werden sie losgelassen. Das Bewegen geschieht im Schritt und Trab. Eine gewisse Unruhe muß bei den ersten Übungen in Kauf genommen werden. Die Pferde können nach einigen Tagen auch frei über einzelne am Boden liegende Stangen oder Bodenricks geführt werden. Haben die Pferde sich hieran gewöhnt, kann auch bald mit dem Freispringen begonnen werden (Ziffer 37). Es ist ein gutes Mittel, um vor dem Aufsitzen die durch das Satteln hervorgerufene Spannung zu lösen und den Stallmut zu beseitigen.

66. Erste Arbeit unter dem Reiter.
(Siehe Ziffer 62 a) und b).)

Es ist bei jungen Pferden wünschenswert, daß möglichst bald eine passende dauernde Zusammenstellung von Reiter und Pferd erreicht wird. Ein Wechsel muß jedoch eintreten, wenn vorauszusehen ist, daß ein Reiter seine Remonte nicht weiterfördert.

Der Reiter läßt sich zum Aufsitzen in den ersten Tagen auf das Pferd heben. Ein Gehilfe erfaßt mit der rechten Hand von unten den linken Unterschenkel dicht unterhalb des Kniees und hebt den Reiter weich und schnell hinauf.

Das erste Anreiten nach der Leinenarbeit oder freiem Bewegen hat am zweckmäßigsten auf dem Reithof zu erfolgen. Unter Ausnutzung des Herdentriebs werden die Remonten auf dem Reitplatz zunächst im Rudel geritten. Anlage eines großen eiförmigen Hufschlags, später einer großen Acht ist zweckmäßig.

Bei dem Durcheinanderreiten in der Bahn können die Pferde entweder hintereinander oder nebeneinander gehen. Heftige Pferde sind immer wieder aus der Reihe nach vorn herauszunehmen. Es kommt nur auf individuelle Arbeit und Weg=

Bild 55.

Haltung der jungen Remonte beim ersten Anreiten
(Reiter leicht trabend).

lassen jeglichen vermeidbaren Zwanges an. Abstände sind noch keinesfalls zu fordern.

Schwachen, zurückgebliebenen, noch stark in der Entwicklung begriffenen Pferden und solchen, die leicht warm werden, muß eine geringere Arbeits= leistung abgefordert werden. Faule Pferde brauchen lebhaftere Tempos. Heftige Pferde müssen unter besonders geschmeidigen Reitern so lange in ruhigen Gangarten gearbeitet werden, bis sie träge werden. Übermütige und frische Pferde erhalten so viel Arbeit, bis sie sich beruhigen und Entspannung zeigen. Hieraus ergibt sich für jede Stunde das individuelle Arbeitsmaß für jedes Pferd. In den ersten Tagen bleiben die Pferde etwa zwanzig Minuten unter dem Reiter. Der Rest der Stunde ist mit anderen Übungen auszufüllen.

So früh wie möglich, jedenfalls bevor die Remonten zu voller Kräftigung gelangt sind, ist ausgiebig ins Gelände zu reiten. Hier sind sie auf langen, geraden Linien vorwärts zu reiten. Bei ungünstig gelegener Unterbringung sind sie lang ausgebunden neben alten Pferden an der Hand hinaus- und zurückzuführen und erst im Gelände zu besteigen.

Das erste Anreiten erfolgt ohne Sporen. Jeder Remontereiter trägt einen Reitstock (etwa 1 m lang). Der Reiter beginnt beim rohen Pferd die vorbereitenden treibenden Hilfen mit dem Anlegen des Reitstocks an die innere Schulter und steigert diese Hilfe bis zu leichten Schlägen. Erzielt der Reiter hierdurch nicht die gewünschte Wirkung, so läßt er ihn hinter seinem Schenkel an den Leib des Pferdes fallen. Mit dem Gebrauch des Reitstockes verbindet der Reiter allmählich und immer fühlbarer ein Klopfen mit dem Unterschenkel, um das Verständnis für die vortreibenden Schenkelhilfen zu wecken.

Sollten sich einzelne Pferde unter ständigem Wegdrücken des Rückens längere Zeit gegen das Reitergewicht wehren, so können sie zunächst mit langgeschnallten Ausbindezügeln geritten werden. Es ist jedoch immer wieder zu versuchen, ohne solche auszukommen. Durch die ersten kurzen Trabreprisen auf beiden Händen soll vor allem die Gehlust des Pferdes geweckt und auch befriedigt werden. Das Pferd soll dabei den Takt finden und sich loslassen.

Zu Anfang wird grundsätzlich l e i ch t g e t r a b t. Das Hauptbestreben des R e i t e r s ist, in die Bewegung des Pferdes einzugehen. Die Zügel werden so lang gefaßt, daß das Pferd keine störende Wirkung des Mundstücks auf die Laden empfindet. In dem Bestreben mitzukommen, soll der Reiter oft die Zügel in eine Hand nehmen, mit der anderen Hand in den Vorderzwiesel fassen und sich mit Gesäß und Oberschenkel gut nach vorn heranziehen.

Es bleibt stets einer der wichtigsten Grundsätze der Ausbildung, in jedem Pferde die N e i g u n g z u m dreisten V o r w ä r t s g e h e n zu wecken und zu erhalten. Der Remontereiter muß danach trachten, den vom Pferde angebotenen natürlichen Gang eher etwas frischer zu reiten, als kürzer werden zu lassen. Gleichzeitig wird hierdurch auch das für das Geraderichten des Pferdes unbedingt nötige Strecken erreicht. Je mehr in dieser Ausbildungsperiode an Vorwärtsreiten gedacht und je weniger mit den Händen formend eingewirkt wird, eine um so bessere Grundlage wird für die spätere Dressur geschaffen.

Bietet das Pferd den G a l o p p an, so soll man ihn annehmen, dabei etwas leicht sitzen und die Hand tief stellen, ohne herunterzudrücken, damit das Pferd die Galoppsprünge zwanglos ausführen kann. Längeres Galoppieren hat jedoch in dieser Periode mit Rücksicht auf die noch weichen Gelenke und Muskeln des Pferdes zu unterbleiben.

Um am Ende der ersten Trabübungen zum S ch r i t t überzugehen, nimmt der Reiter vermehrten Knieschluß, neigt den Oberkörper leicht nach vorn und bringt sein Pferd durch mehrfache annehmende und nachgebende Zügelhilfen zum Schritt. Ist das Pferd in Schritt gefallen, setzt sich der Reiter hin und gibt sofort die Zügel völlig nach (Schritt siehe Ziffer 71).

Sobald die Pferde die treibenden Hilfen kennen=
gelernt haben, kann mit der Bodenrickarbeit
begonnen weiden. Bei jungen Pferden liegt der
Hauptwert der Bodenrickarbeit in der Lösung der ge=
spannten Rückenmuskeln des Pferdes und in der Er=
zielung einer richtigen Rückentätigkeit. Die Boden=
rickarbeit wird im Schritt und Trabe, und zwar zu=
nächst im Leichttraben über wenige am Boden liegende
Stangen ausgeführt. Erst wenn das Pferd sich gewöhnt
hat, taktmäßig über diese zu treten, können Zahl und
Höhe der Bodenricks gesteigert werden. Die Pferde
lernen hierbei, den Hals lang zu machen und sich zu
strecken. Die Hinterbeine werden tätig gemacht und
gekräftigt. Der Reiter muß den Rücken des Pferdes
etwas entlasten, ohne aus dem Sitz zu kommen, und
muß schmiegsam mit den Bewegungen des Pferdes
mitgehen.

Aufmarschieren während und am Ende der
Reitstunde ist häufig zu üben; dabei kommt es an=
fänglich nur darauf an, daß das Pferd ohne Rück=
sicht auf Anlehnung und Richtung ruhig steht.

Um das junge Pferd mit der Wirkung der Zügel
vertraut und dabei auch handfromm zu machen, kann
mit dem Abkauenlassen an der Hand be=
gonnen werden (Ziffer 51).

67. Beginnende Anlehnung, Übergänge, Arbeitstrab.
(Siehe Ziffer 62 c).)

Im Anfang darf das Pferd nur kurze Zeit in der
Anlehnung gehen, weil sonst die Gefahr besteht,
daß es sich auf die Zügel legt, die Hinterhand
schleppen läßt und den Gang verliert.

Die Anlehnung muß jedoch für kurze Zeit gewährt
werden, wenn das Strecken des Halses und das
Suchen des Gebisses eintritt. Von Anfang an ist

eine an beiden Zügeln gleichmäßige Anlehnung an=
zustreben, um das Pferd geradezurichten.

Hat das Pferd im natürlichen Trab eine leichte
Anlehnung gefunden, trägt es den Reiter mit
schwingendem Rücken, so ist der Augenblick gekommen,
aus dem natürlichen Trab den Arbeitstrab zu
entwickeln. Öfteres Zulegen im Tempo auf kurze
Strecken erweckt in den Pferden die Neigung zum
dreisten Vorwärtsgehen, also die für die Ausbildung
so wichtige Gehluft und fördert die Schubkraft der
Hinterhand.

Durch solche Arbeit wird die Remonte besonders
gegen Ende der Unterrichtsstunde fauler und wird
sich zum Vorwärtsgehen auffordern lassen. Der Rei=
ter kann nunmehr auch kurze Zeit aussitzen.

Besondere Aufmerksamkeit brauchen Pferde, die sich
anscheinend leicht reiten lassen, einen krausen
Hals machen und dem Reiter vorzeitig das Gefühl
einer gewissen Beizäumung und Aufrichtung geben.
Diesen Pferden muß die Nase immer wieder vor die
Senkrechte getrieben werden, sonst besteht die Gefahr,
daß sich ein falscher Knick im Halse bildet, der, einmal
eingewurzelt, schwer zu beseitigen ist. Nie darf die
untere Halslinie nach vorn gebogen sein. Häufiges
Reitenlassen mit einer Hand, Vorgehen mit der
Zügelhand unter Beibehalt der Anlehnung, bannt
am besten die Gefahr, daß die Pferde zu kurz im
Halse werden.

Ein guter Prüfstein für die richtige Arbeit sind
nachgebende Zügelhilfen, wobei der Reiter
sich die Zügel aus der Hand kauen läßt, ohne die
treibenden Hilfen aufzugeben. Das Pferd muß dabei
mit nach vorn gedehntem Halse, die Kammlinie leicht
nach oben gewölbt, und vorwärts=abwärts gerichteter
Nase völlig entspannt dahingehen und darf nicht eiliger

treten. Zeigt das Pferd auf diese Erleichterung hin keine Dehnung in der Halsmuskulatur oder nimmt es sich die Zügel mit einem Ruck aus der Reiterhand, so sind das deutliche Beweise für die noch nicht gelösten Hals= und Rückenmuskeln; fast immer hat in diesem Fall der Reiter mit zu viel Handeinwirkung und zu wenig treibenden Hilfen gearbeitet. Nach einiger Zeit müssen die Zügel mühelos wieder in Anlehnung gebracht werden können. Diese nach=gebenden Hilfen sind auch im Gelände häufig anzu=wenden.

Haben die Pferde auf die S ch e n k e l h i l f e n vorwärts gehen gelernt, ohne die Anlehnung zu ver=lieren, so kommen die Schenkel nach und nach bei den Übergängen derart in Wirksamkeit, daß sie die Hinterfüße zu weiterem Untertreten veranlassen. Auch verlangt der Reiter nunmehr, daß sich das Pferd gerade hinstellt. Weicht es rückwärts oder seit=wärts aus, so wird es nach vorwärts geradegestellt, indem der Reiter einige Schritte gegen die leichte, getragene Hand vorreitet (Arbeit im Schritt s. Ziff. 71).

68. Gehorsam auf die einseitigen Hilfen.

a) D u r ch r e i t e n d e r E ck e n u n d W e n d u n g e n.

Im Anfang ist der Bogen durch die Ecke so flach zu bemessen, daß der freie Vortritt nicht gestört wird. Die innere Hand bleibt stehen, die äußere gibt nach, der innere Schenkel, zuerst klopfend, später sich an=saugend, erhält die fließende Vorwärtsbewegung. Nach dem Durchreiten der Ecke wird mit nachgeben=der Hilfe des inneren Zügels der äußere Zügel wieder vorsichtig zur Wirkung gebracht. Beide Schen=kel, hauptsächlich der innere, treiben das Pferd vor=

wärts und nunmehr an beide Zügel heran. Diese Hilfen sind sinngemäß auch bei allen Wendungen im Gange anzuwenden.

Mit zunehmender Kräftigung der Muskulatur der Hinterbeine wird das Pferd vermehrt in die Ecke hineingeschoben (Ziff. 21, 22).

b) Wendung auf der Vorhand.

Obwohl die Wendung auf der Vorhand keine schulgerechte Übung ist, bietet sie doch das einfachste Mittel, dem jungen Pferde den Gehorsam auf die einseitigen Zügel- und Schenkelhilfen zu lehren, weil es zu dieser Wendung mechanisch gezwungen werden kann (s. auch Ziff. 20, a)).

c) Schlangenlinien an der langen Seite und Biegen unter dem Reiter.

Zuerst wird der Bogen an der langen Seite ganz flach geritten. Er wird mit zunehmender Nachgiebigkeit auf die inneren Hilfen nach dem Inneren der Bahn erweitert. Sind die Hälse am Widerrist genügend festgestellt, kann hierbei das „Biegen unter dem Reiter" eingeschaltet werden (Ziff. 30).

Die Übung ist erst im Schritt, dann im Arbeits= trabe vorzunehmen.

Das Biegen unter dem Reiter ist im ersten Jahre nur vorsichtig und in kurzer Dauer im entschlossenen Vorwärtsreiten zu üben, da sonst die Gefahr besteht, daß die Pferde im Halse lose und zu kurz werden. Nach dem Biegen müssen die Pferde immer in freien Gängen wieder an beide Zügel herangeritten werden.

d) Reiten auf Zirkel und Volten.

Das Reiten auf dem Zirkel kann mit Nutzen be= gonnen werden, sobald die Pferde auf gerader Linie die Anlehnung gewonnen haben. Wenn es auch jetzt noch nicht möglich ist, den Pferdekörper genau der Kreislinie anzupassen und ihn entsprechend zu biegen, so wird doch durch das Reiten auf dem Zirkel der Vortritt des inneren Hinterfußes gefördert und das Pferd wendiger gemacht. Am besten wird damit auf einem großen Zirkel im Freien begonnen.

Haben die Pferde gelernt, die Zirkellinie einzuhalten, so kann zum Einüben der Volte zunächst nur im Schritt übergegangen werden. Hierbei ist der Durchmesser der Volte dem Grad der Biegung des Pferdes anzupassen; er muß größer als $6 \times$ sein.

e) Schenkelweichen.

Das Schenkelweichen ist nur im Schritt zu üben. Vorübung durch Übertretenlassen an der Hand ist zweckmäßig (Ziff. 52).

Das Schenkelweichen kann begonnen werden, wenn das Pferd Gebrauch und Wirkung des einseitigen Zügels und Schenkels kennengelernt hat und gut an beide Zügel herangeritten ist. Da es die Gefahr in sich birgt, daß die jungen Pferde an Gehlust, Haltung und Gang verlieren und leicht hinter den Zügel kommen, so ist es nur auf wenige Tritte zu beschränken (Ziff. 31).

69. Verbesserung des Ganges und der Durchlässigkeit durch Mitteltrab.

(Siehe Ziffer 62 e).)

Wenn sich die Muskeln des Pferdes, besonders die Kruppen-, Rücken- und Bauchmuskeln genügend gebildet haben, die Schubkraft der Hinterhand und die Tragfähigkeit des Rückens entwickelt sind, kann eine bestimmtere Anlehnung gefordert werden.

Von diesem Zeitpunkt an muß eine Verbesserung des Ganges und der Genickbiegung unter vermehrter Inanspruchnahme der Hinterhand durch den Mittel= trab angestrebt werden.

Mitteltrab ist der beste Prüfstein für eine richtig aufgebaute Ausbildung und zugleich das beste Mittel, durch falsche Versammlung entstandene Fehler zu beseitigen. Voraussetzung ist jedoch, daß die Genick= biegung nicht verloren geht; ohne sie vereitelt der Mitteltrab jeden Fortschritt in der Dressur.

Bei der Arbeit im Mitteltrab ist auf die Anlagen des einzelnen Pferdes besondere Rücksicht zu nehmen. Anfangs ist er nur wenige Tritte zu fordern, dann allmählich zu steigern. Pferde mit schwachem Rücken sind zuerst im Leichttraben zum Mitteltrab zu bringen.

Zur Erzielung des Mitteltrabes werden die Pferde, nötigenfalls unter Beihilfe der Gerte, an die gleich= mäßig anstehenden Zügel vermehrt herangetrieben. Übereilt sich ein Pferd beim Zulegen, tritt es un= gleichmäßig oder trägt es Hals und Kopf, ohne Rückentätigkeit gehend, zu hoch, so wird das Tempo sogleich wieder gemäßigt und erst wieder verstärkt, wenn sich die langen, ruhigen Tritte und eine gewisse Beizäumung wiedergefunden haben.

Der Reiter muß dabei bestrebt sein, das Pferd ge= radegerichtet zu erhalten. Die Gehlust und die bereits gewonnene Anlehnung dürfen nicht verloren gehen. Ist dies dennoch eingetreten, so muß dem Pferde zunächst wieder die ihm mehr zusagende schiefe Hal= tung so lange zugestanden werden, bis die einseitigen Widerstände in Genick und Hinterhand überwunden sind.

70. Erste Anfänge der Versammlung.

Durch die Anlehnung ist das Pferd bereits in eine geringgradige Versammlung zwischen den Hilfen, Sitz, Schenkeln und Zügeln eingerahmt. Der Grad dieser Einrahmung ist abhängig vom Gebäude und Temperament des Pferdes und von dem Können des Reiters. Im allgemeinen steht das Pferdemaul dabei etwa in Hüfthöhe, bei Pferden mit tief angesetztem Hals und langem, schwachem Rücken etwas darunter.

Die ersten Anfänge versammelnder Arbeit nach der Entwicklung des Mitteltrabs bestehen im takt=mäßigen Versammeln des Arbeitstrabs, das jedoch nur wenige Tritte gefordert werden darf, ferner im Heranreiten an die äußeren Hilfen, in verbessertem Reiten durch die Ecken und auf dem Zirkel (Ziff. 22, 23). Hierbei ist zu beachten, daß auf den gebogenen Linien der Hals am Widerrist festgestellt bleibt und das Pferd im Genick und Hals nicht mehr gebogen wird als in der übrigen Wirbelsäule. Häufig muß mit dem inneren Zügel nachgegeben werden unter gleichzeitigem vermehrten Treiben mit innerem Schenkel.

a) Wendungen im Gange.

Durch das Biegen, die Arbeit auf dem Zirkel und der Volte mit erweitertem Hufschlag werden die Pferde am besten zu Wendungen mit verkleinernden äußeren Hilfen vorbereitet. Man beginnt sie durch eine Kehrtwendung aus der zweiten Ecke der langen Seite. Durch verstärkte Anwendung der äußeren Hilfen wird der Bogen allmählich verkleinert.

b) Rückwärtsrichten.

Es erhöht die Durchlässigkeit. Es wird am besten durch Arbeit an der Hand ohne Reiter vorgeübt. Gibt das Pferd dabei dem Druck des Mundstücks willig nach), so kann die Übung unter dem Reiter vorgenommen werden. Der Reiter neigt den Ober= körper etwas vor; er muß sich davor hüten, im Anzuge steckenzubleiben und sich zuerst mit dem Zurücktreten um einen oder zwei Schritt begnügen. Stets ist das Pferd nach der Ausführung zu loben.

c) Ganze Paraden.

Richtige ganze Paraden können erst gefordert werden, wenn das junge Pferd vermittelst halber Paraden durch die verschiedenen Tempowechsel im Trabe und Galopp genügend geschmeidig gemacht worden ist. Im ersten Jahr ist nur die Parade vom Schritt zum Halten zu fordern. Stets hat nach der Parade eine nachgebende Zügelhilfe und ein Be= loben des Pferdes zu erfolgen (Ziff. 27).

71. Schritt.

Der richtig gerittene Schritt arbeitet das junge Pferd besonders gut, beruhigt es und gewöhnt es an die treibenden Hilfen des Reiters.

Die jungen Remonten sind zunächst so lange im Schritt mit vollkommen hingegebenen Zügeln zu reiten, bis der Schritt ganz ruhig, raumgreifend und gleichmäßig ist.

Erst dann kann eine geringe Anlehnung angestrebt werden. Jedoch hat auch dann noch jede Beizäumung zu unterbleiben (Bild 56).

Das von vielen Reitern, namentlich in den Ruhe= pausen, nur mit den Händen versuchte Formen des Halses im Schritt schädigt den Vortritt und die Biegung der Hinterhand in hohem Maße und hat daher zu unterbleiben.

Bild 56.

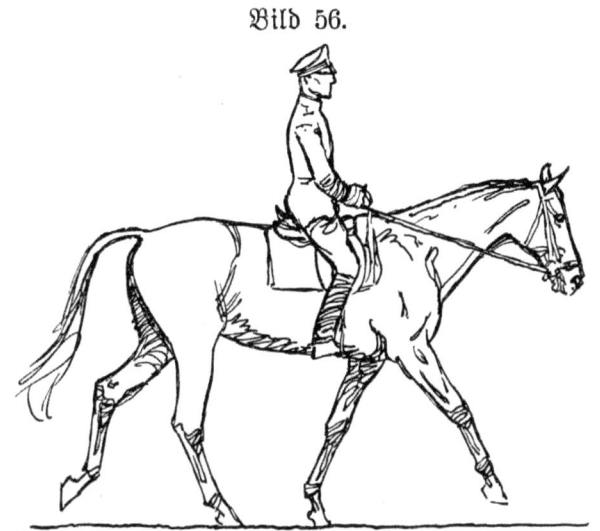

Schritt der jungen Remonte mit geringer Anlehnung.

72. Galopp.

Zur Verbesserung der Losgelassenheit kommt dem Galopp Bedeutung zu. Viele Pferde lösen sich im Galopp besser und schneller als im Trabe. Das müssen Reitlehrer und Reiter erkennen und ausnutzen, ohne das Pferd zu überanstrengen (Ziff. 66).

Sobald die Pferde gelernt haben, im natürlichen Trabe den Rücken loszulassen und, ohne zu eilen, das Reitergewicht auch in der durch das Abrunden der Ecken gebotenen Biegung zu tragen, kann mit der eigentlichen Galopparbeit begonnen werden.

Die Entwicklung des Galopps erfolgt durch Zulegen aus dem Trabe, am leichtesten im Freien auf einem großen Zirkel. In der geschlossenen Bahn wird er auf der Zirkellinie nach der Bande zu ent=

wickelt. Die Hilfen zum Angaloppieren werden zu=
erst unterstützt durch Klopfen des Reitstocks an der
inneren Schulter und Zungenschlag.   Die Hände
lassen den Galoppsprung durch Nachgeben heraus.

Viele Pferde entziehen sich den Hilfen durch Über=
gehen in einen starken Trab. Der Reiter muß dann

Bild 57.

Haltung der jungen Remonte beim ersten Galoppieren.

sein Pferd zunächst wieder in ein ruhigeres Tempo
zurückführen.   Erst dann dürfen die Hilfen zum
Galopp wieder einsetzen.

Auf Pferden mit schwachem Rücken und schlechter
Nierenpartie sowie solchen mit schwacher Hinterhand
muß der Reiter anfangs bei gut vorgeschobener
Hüfte den Oberkörper etwas vornüber neigen, um
die ungeschickten Bewegungen des Pferdes abfangen

und die Hinterhand entlasten zu können. Solchen Pferden ist bei tiefgestelltem Halse zunächst eine gewisse verstärkte Anlehnung zu gestatten. Mit fortschreitender Kräftigung des Rückens muß sich der Reiter wieder aufrichten und durch Einsetzen der treibenden Hilfen die Anlehnung auf ein normales Maß zurückführen.

Die Reiter müssen einen natürlichen, ruhigen Sprung anstreben, der erst später gemäßigt oder gestreckt werden kann. Es darf zunächst nur kurze Zeit galoppiert werden. Zum Beenden des Galopps läßt man die Pferde in den Arbeitstrab und dann erst in den Schritt übergehen.

Um die Remonten im Galopp auf dem jeweiligen inneren Fuße zu festigen, wird die Zeit des Galoppierens auf derselben Hand allmählich verlängert. Durch oft wiederholtes Angaloppieren lernen die Pferde das leichte Eingehen in den richtigen Galopp, und allmählich kommt so ein bestimmtes gleichmäßiges Tempo, der Arbeitsgalopp, zustande.

Im Gelände ist das Galoppieren über ebenen, später unebenen Boden, das Bergauf- und Bergabgaloppieren zu üben.

Das dem Arbeitsgalopp zunächstliegende, die Schub- und Schnellkraft sowie die Losgelassenheit des Pferdes am meisten fördernde Galopptempo ist der Mittelgalopp. Er wird im Freien auf langen Linien durch vermehrtes Herantreiben der Hinterhand allmählich aus dem Arbeitsgalopp entwickelt. Bereits am Ende des ersten Ausbildungsjahres ist im Freien auf langen Linien streckenweise ein Gebrauchsgalopp einzulegen. Dies stärkt Herz und Lungen des Pferdes.

11*

73. Springen.

Das Einspringen der Pferde an der Hand zur Steigerung des Springvermögens ist von dem Springen zur Erzielung der Losgelassenheit (Ziffer 65) scharf zu trennen. Es findet daher erst statt, wenn die Pferde gelöst sind, also in der Mitte oder am Ende der Stunde.

Haben die Pferde dabei Sicherheit erlangt, so wird mit dem Springen unter dem Reiter begonnen. Anfänglich wird stets hinter sicheren Führpferden gesprungen, um jeden Ungehorsam zu vermeiden. Springen die Pferde mit losgelassenem Rücken, so wird dadurch ihre gymnastische Durchbildung besonders gefördert.

74. Arbeit im Gelände und Erziehung.

Im Gelände sind die Pferde erst im Rudel, dann zu zweien, später einzeln im Schritt mit hingegebenem Zügel und im Arbeitstrabe auf langen Linien vorwärts zu reiten. Zuerst werden sie auf Straßen und Wegen, dann über ebenen, später über unebenen Boden geritten. Im Gelände sind sie ebenfalls hinter Führpferden und im Rudel einzuspringen (Ziff. 42).

Auf die Erziehung des jungen Pferdes ist großer Wert zu legen. Das Pferd muß lernen, im Gelände sowohl allein wie in der Nähe anderer in Bewegung befindlicher Pferde ruhig zu stehen, besonders beim Auf- und Absitzen. Der Herdentrieb, anfänglich bei der Ausbildung der Gehluft ausgenutzt, ist später dauernd zu bekämpfen.

Wenden in Richtung auf den Stall darf zuerst nur im Schritt erfolgen.

Gewöhnung an Straßenlärm und an Truppendienst ist planmäßig zu betreiben.

B. Ausbildung der Pferde im 2. Jahr.

(Einteilung in Reitabteilungen siehe Ziff. 96—101.)

75. Arbeit in den ersten Wochen. Mitteltrab.

Die Pferde, die sich nunmehr gekräftigt haben, sind bald durch ausgiebige Zirkelarbeit im verkürzten Arbeitstrabe und Galopp vermehrt an die auswendigen Hilfen heranzutreiben. Ständiger Tempowechsel zwischen Mittel- und verkürztem Arbeitstrab auf Zirkel und ganzer Bahn, Rückwärtsrichten erhöhen die Nachgiebigkeit auf die halben Paraden, damit die Durchlässigkeit und die Biegsamkeit der Hinterhand. Schenkelweichen verbessert den Schenkelgehorsam. Viereck verkleinern und vergrößern ist ein bewährtes Mittel, um die Pferde geschmeidig und gehorsam zu machen.

Allmählich sind Takt und Tempo im Mitteltrab durch längere Reprisen zu festigen. Er ist stets einzulegen nach versammelnden Übungen. Eine besonders lehrreiche Aufeinanderfolge von Übungen ist es, wenn der Mitteltrab nach dem verkürzten Arbeitsgalopp geritten wird, weil letzterer die Biegsamkeit der Hinterhand am besten vorbereitet. Treten einzelne Pferde dann im Mitteltrab besonders schwungvoll, stehen sie sicher am Zügel, ohne sich auf die Hand zu legen, so kann mit ihnen auf kurze Strecken das Tempo auch über das Mitteltrabtempo hinaus einige Tritte verstärkt werden. Das Tempo muß jedoch sofort verkürzt werden, wenn übereilte Tritte entstehen und das Pferd in die Eisen klappt.

Ausbildungsplan für Pferde

	Oktober	November
Lösende Übungen.		Springen an der Hand bis
		Bodenrickarbeit im Arbeits=
	Zügel aus der Hand kauen lassen und wieder	
		im Arbeitstrab und
	Schenkelweichen,	Viereck verkleinern
	Schlangenlinien,	im Schritt und
	Kehrtwendungen im	Abkauenlassen an
	Gange.	
Versammelnde Übungen.	Angaloppieren aus dem Arbeitstrab und Schritt.	Angaloppieren aus dem Schritt und verkürz= ten Arbeitstrab aus der Volte.
	Genaues Reiten auf dem Zirkel und durch die Ecke.	
		Zirkel verkleinern und im Schritt, dann im ver= Reiten in Stellung im in Außenstellung u. ver=

im 2. Jahr als Anhalt.

Dezember	Januar	Februar	März

80 cm hoch auf beiden langen Seiten der Reitbahn.

trab. aufnehmen =galopp. und vergrößern Arbeitstrab. der Hand.	Wie Dezember.		
Angaloppieren aus dem Schritt und verkürzten Arbeitstrab auf dem Zirkel und an beliebigen Stellen der gan= zen Bahn.	Verbessertes Angaloppieren wie vorher auch aus dem Halten.		
vergrößern, zuerst kürzt. Arbeitstrab. Schritt, dasselbe kürzt. Arbeitstrab.	Außengalopp auf langen Seiten, häufig. Ga= loppwechsel*), durch d. Zirkel wechs. im ver= verkürzten Ar= beitstrab. Kehrtwendung mit und ohne Umstellen. Kurzkehrtwen= dung*). Schulterherein*)	Wie Januar.	

*) Bei Z=Pferden nur solche mit besonderer Anlage.

	Oktober	November
		Wendung auf der Handarbeit: Vor= und Zurücktretenlassen an der Hand.
Gangarten und Tempos.	Schritt am lang. Zügel. Arbeitstrab, Mitteltrab. Im Gel. Gebrauchstrab, Arbeitsgal., Mittel= galopp.	Entwicklung des ver= kürzten Arbeitstrabs und =galopps.
Ganze Paraden und Übergänge (von diesen sind nur einzelne an= geführt).	Vom freien Schritt am langen Zügel zum Halten und Wieder= anreiten.	Vom Arbeitstrab zum Halten und Wiederan= traben.
	Vom Arbeitstrab zum Schritt am langen Zügel. Vom Arbeitsgalopp zum Arbeitstrab und Wiederangaloppieren. Verstärken des Arbeits= galopps und um= gekehrt.	Vom Mitteltrab zum Vom Arbeitsgalopp über einige Trabtritte zum Schritt am langen Zü= gel.

Dezember	Januar	Februar	März
Schenkelweichen mit Annäherung an Schulterher= ein. Hinterhand. Vor= und Zurück= treten unter dem Reiter, 2 bis 3 Schritt.	Verbesserte Volte in verkürztem Arbeitstrab.	Rückwärts= richten bis 4 Schritt.	Einzelne Pferde Volte im verkürzten Arbeits= galopp*).
Verkürzter Arbeits= trab u. =galopp. 500×=Galopp. Schritt a. Zügel. Sonst wie Oktob.	Verstärken des Mitteltrabs mit einzelnen Pfer= den. Sonst wie Dezember.	Wie Januar.	
Vom verstärkten Arbeitstrab zum Halten. Vom Mitteltrab zum Schritt am Zügel. verkürzten Arbeitstrab und zurück.	Vom Mitteltrab zum Halten.	Wie Dezember und Januar.	
Wie November, jedoch zum Schritt am Zügel.		Vom verkürzten Arbeits= galopp zum Schritt am Zügel.	

*) Bei Z=Pferden nur solche mit besonderer Anlage.

	Oktober	November
Spring= und Ge= ländeausbildung.	Galoppieren über un= ebenen Boden. Leichte Hangsprünge. Schu= len im sicheren Ab= springen über leichte mehrfache Sprünge.	Springen an der Hand bis 1 m hoch*), Springen über einfache, weitsprünge mit er= fernungen, Gräben Springen unter dem
Erziehung und Ge= wöhnung.	Durcheinanderreiten. Straßen= und Truppen= gewöhnung.	Durcheinanderreiten.
Ziele.	Losgelassenheit, be= stimmte Anlehnung.	Losgelassenheit, Gerade= Beginnende

*) Bei Z=Pferden nur solche mit besonderer Anlage.

Dezember	Januar	Februar	März
besgl. bis 1,20 m hoch*). Doppel- u. Hoch- leichternden Ent- bis 2,50 m*). Reiter bis 1 m hoch*).	Wie Dezember.	Wie Dezember.	Wie Dezember.
Einzelaufgaben.	Dazu zwei- bis dreimal wöchentlich kurzes Ab- teilungsreiten. Kandarenzäumung. Auf- marschieren und Abbrechen.		
richten, Schwung. Versammlung.	Wie November und Dezember, verbesserte Versammlung.		

Bild 58.

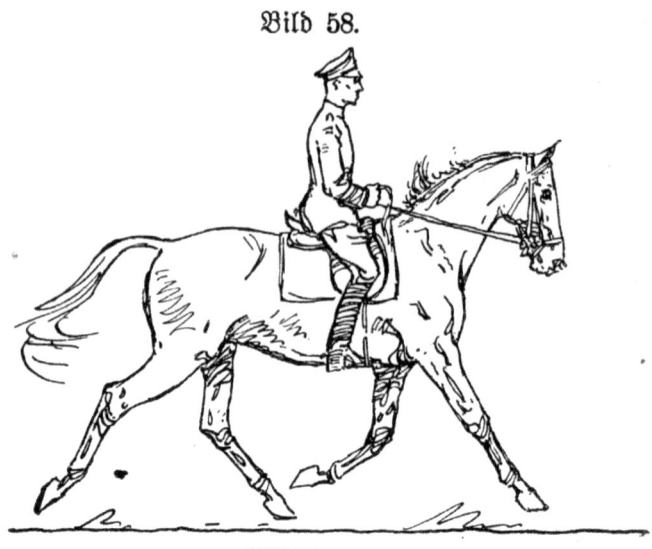

Mitteltrab.

76. Versammelnde Übungen.
(Siehe Ziffer 62 f) und g).)

Versammelnde Arbeit hat Gehorsam auf die äußeren Hilfen zur Voraussetzung.

Um die Aufmerksamkeit und Folgsamkeit des Pferdes auf die äußeren Hilfen zu erhöhen, wird das Reiten in Stellung und Außenstellung im Schritt und im verkürzten Arbeitstrabe geübt; besonders durch die Arbeit in Außenstellung werden die Pferde gezwungen, den äußeren Hilfen zu folgen (Ziff. 33).

Das Reiten in Außenstellung dient auch als Vorübung für den Außengalopp (Ziff. 19).

Mit zunehmender Durchlässigkeit werden die ganzen Paraden auch aus dem Trabe und Galopp geübt (Ziff. 27).

Sobald sich die Pferde in guter Versammlung durch die Ecken führen lassen, sicher an den äußeren Hilfen stehen und die Wendung auf der Hinterhand beherrschen, kann mit der Kurzkehrtwendung im Schritt begonnen werden (Ziff. 26).

Bild 59.

Schulterherein.

Der Schulterherein kann geritten werden, wenn die Pferde im verkürzten Arbeitstrab Durchlässigkeit, Beizäumung und Selbsthaltung gewonnen haben. Er ist anfänglich zur Belehrung von Reiter und Pferd nur kurz im Schritt zu üben. Bald ist zum verkürzten Arbeitstrab überzugehen, damit Gehlust und Schwung nicht leiden und die Reiter verhindert werden, das Pferd im Schritt zu eng zusammenzustellen. Besonders auf der rechten Hand geritten, fördert er Biegsamkeit, Durchlässigkeit und Geraderichten (Ziff. 34).

Die Übergänge „Schulterherein im verkürzten Arbeitstrab" zum Mitteltrab sowie zum verkürzten Arbeitsgalopp und zurück sind besonders lehrreich.

Durch die versammelnde Arbeit wird das Pferd am Ende des 2. Jahres vorübergehend kurze Zeit in der Dressurhaltung geritten werden können (Ziffer 62 i).

77. Schritt.

Beim Schritt muß allmählich eine bestimmtere Anlehnung wie bei der jungen Remonte erreicht

Bild 60.

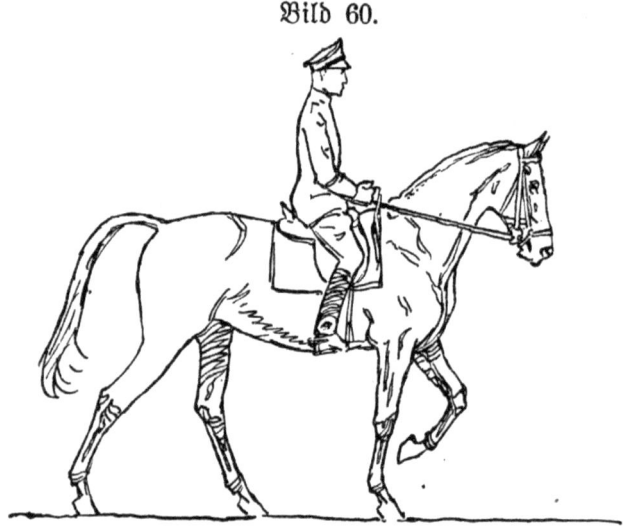

Schritt eines in der Ausbildung fortgeschrittenen Pferdes im 2. Jahr.

werden, aber nur unter der Voraussetzung, daß da= durch die ruhige, raumgreifende und gleichmäßige

Fußfolge nicht gestört wird. Der Schritt muß fleißig und lebhaft, er darf nicht paßähnlich sein. Pferden, die kurze Tritte machen, läßt man wieder mehr Zügelfreiheit und treibt sie mit den Schenkeln vermehrt vorwärts, selbst wenn einige Trabtritte die Folge sind. Hierbei sind Trab- und Galoppübungen einzulegen. Eilt ein Pferd vorwärts, so muß der Reiter versuchen, es durch halbe Paraden zu verhalten, ohne jedoch im Anzuge steckenzubleiben. Allmählich wird die Anlehnung bestimmter, der Zügel etwas kürzer.

Der Schritt bedarf auch im 2. Jahr ausgiebiger Übung. Um ihn raumgreifend zu machen, ist auch bei Pferden im 2. Jahr immer wieder der Schritt mit hingegebenem Zügel zu üben.

78. Galopp.

Um den Arbeitsgalopp zu verkürzen, wird häufig angaloppiert. Ein Verkürzen während des Arbeitsgalopps selbst ist schädlich.

Besonders fördernd ist auch das Angaloppieren im Anschluß an das Zirkelvergrößern nach vorausgegangenem Zirkelverkleinern aus dem verkürzten Arbeitstrabe.

Es ist darauf zu achten, daß das Pferd auch im verkürzten Arbeitsgalopp regelmäßige und lebhafte Sprünge zeigt. Er ist durch stetiges Treiben mit dem inneren Schenkel zu beleben.

Auf gerader Linie darf das Angaloppieren erst gefordert werden, wenn das Pferd gelernt hat, sich im Galopp zu tragen. Angaloppieren in der Abteilung auf der ganzen Bahn darf erst gegen Ende des 2. Jahres gefordert werden.

Häufiger Galoppwechſel im verkürzten Arbeits=
tempo macht die Pferde beſonders gewandt. Außen=
galopp iſt nur mit einzelnen Pferden zu üben.

Öfterer Handwechſel ſowie Wechſel zwiſchen Zirkel
und ganzer Bahn und zwiſchen verkürztem Arbeits=
galopp und Mittelgalopp iſt nötig. Hört die leb=

Bild 61.

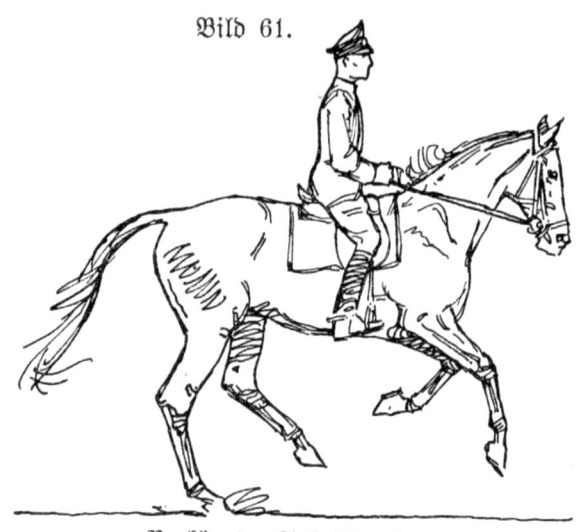

Verkürzter Arbeitsgalopp.

hafte Folge der Sprünge im verkürzten Arbeits=
galopp auf, ſo muß zwiſchendurch freieres Tempo
geritten werden.

Von Anfang an muß auch dem Geraderichten des
Pferdes im Galopp Aufmerkſamkeit zugewandt wer=
den. Hierdurch wird auch dem Hereinſtellen der
Hinterhand in die Bahn am beſten begegnet, das
meiſtens durch Ziehen am inneren Zügel und un=
genügende Tätigkeit des inneren Schenkels ver=
urſacht wird.

Das Angaloppieren ist auch aus dem Halten zu üben. Hierzu müssen die Hinterfüße gut herangestellt sein. Dem Pferde ist anfänglich zu gestatten, vor dem Angaloppieren im Schritt anzutreten.

79. Arbeit im Gelände. Erziehung. Springen. Besondere Übungen.

Die mit der jungen Remonte begonnene Geländeausbildung ist planmäßig zu verbessern. Durch häufige Übungen im Gelände über unebenen Boden, Bergauf- und Bergabspringen über Hangsprünge, Klettern und Schwimmen werden nicht nur die Muskeln der Hinterhand gestärkt, sondern das Pferd wird auch zum Vertrauen zu seiner eigenen Leistungsfähigkeit erzogen und sicher gemacht. Durch die besonderen Übungen (Abschnitt X) ist es für den Truppendienst reif zu machen.

80. Truppendienst der Pferde im 2. Jahr.

Es ist zu verlangen, daß die Pferde im 2. Jahr in voller Kraft und Frische und möglichst vollzählig in die Truppe eingestellt werden. Auch während dieses ersten Dienstjahres in der Front bedürfen sie schonender Behandlung, besonders guter Pflege, wenn sie nicht vor der Zeit verbraucht werden sollen. Reitpferde brauchen gelegentliche Nacharbeit.

Zu den großen Truppenübungen und den Herbstübungen dürfen vollentwickelte Pferde im 2. Jahr nach Anordnung des Abteilungskommandeurs mitgenommen werden. Sie sind jedoch bei der Kavallerie von anstrengenden Übungen zurückzulassen, bei den andern Waffen nicht als Sattelpferde, sondern als Hand- oder Reitpferde einzuteilen.

Teil D. Ausbildung der Reiter.

XII. Rekruten.
(Einteilung in Reitabteilungen.)

81. Berittenmachung.

Wichtigste Grundlage der Rekrutenausbildung ist richtige Berittenmachung.

Es ist erwünscht, daß so zahlreiche Pferde der Ausbildung der Rekruten zugeführt werden können, daß jeder Rekrut sein eigenes Pferd hat. Diese Einteilung kommt auch der weiteren Ausbildung in anderen Dienstzweigen und im Gelände zugute.

Rekrutenpferde müssen vor Eintreffen der Rekruten durch gute Reiter auf ihren besonderen Verwendungszweck hin geprüft, u. U. dazu nachgearbeitet werden. Wichtig ist ruhiges Gehen und Abkauen an den Ausbindezügeln. Einzelne Pferde müssen an der Leine gearbeitet werden. Später, besonders wenn der Rekrut das Zusammenwirken der Hilfen lernt, ist anzustreben, die Arbeit der Rekrutenpferde durch gute Reiter des öfteren vor der Rekrutenstunde zu wiederholen. Der ältere Reiter wird dabei zum Hilfsreitlehrer der einzelnen Rekruten.

Häufiger Wechsel der Pferde während der Ausbildung bezweckt nicht nur die für den einzelnen geeignete Berittenmachung, sondern erzielt auch die Hebung seiner Fertigkeit durch Anpassung an Pferde verschiedenen Temperaments.

Rekrutenpferde, die der Reiter nicht selbständig in Haltung reiten kann, müssen ausgebunden gehen,

damit die Pferde sich wieder abstoßen lernen und
der Rekrut das Gefühl für das richtige Gehen
des Pferdes erhält. Die Ausbindezügel werden
so lang geschnallt, daß ein Herausdrücken der unteren
Halslinie nach vorn verhindert wird. Je früher sie
weggelassen werden können, desto besser ist es. Wäh=
rend des Schritts am Ende der Stunde sowie beim
Springen sind die Ausbindezügel stets wegzulassen.

82. Ausbildungsgang (s. Plan).

Da der Rekrut neben seiner rein reiterlichen Aus=
bildung gleichzeitig zum Soldaten erzogen werden
muß, muß er mehr als ältere Reiter einzeln über=
wacht und beobachtet werden. Wundreiten und Un=
fälle lassen sich durch F ü r s o r g e vermeiden. Die
Unterrichtsstunde muß im Anfang durch häufige
Ruhepausen unterbrochen werden.

Auch braucht der Rekrut häufige mündliche E i n =
z e l u n t e r w e i s u n g in den Grundbegriffen der
Reiterei und den einzelnen Übungen.

Von Anfang an ist denjenigen Übungen Gewicht
beizulegen, die geeignet sind, den Rekrut geschmeidig,
selbstbewußt, behende und aufgeweckt zu machen.
Hierher gehören:

> Gewandtheitsübungen am lebenden Pferd,
>
> Freiübungen,
>
> Bodenrickarbeit,
>
> Springen,
>
> Ab= und Aufsatteln,
>
> Koppeln der Pferde,
>
> Sprechübungen zu Pferde in allen Gangarten.

Plan für Reitausbildung der

	Oktober	November
Anzug, Ausrüstung.	Reitanzug ohne Sporen, bei Gewandtheits= übungen Sportanzug. Pferde Trense und ausgebunden.	Wie Oktober, z. T. mit Sporen, Pferde z. T. unausgebunden.
Sitz=, Frei= und Gewandtheits= übungen.	Gewandtheitsübungen am lebenden Auf= und Abspringen, im Halt, Schritt und Galopp.	Freiübungen, Sprech= wie Oktober, auch im Trab.
Gangarten, Übungen auf ebenem Huf= schlag.	Schritt ohne Bügel. Galopp = = . Leichttraben mit Bügeln, ab Monatsmitte auch Traben ohne Bügel. Angaloppieren aus dem Schritt und Trab auf großem Zirkel.	Schritt ohne Bügel. Galopp und Trab ohne Bügel. Wendung a. d. Vorhand. Angaloppieren aus dem Trab.

Rekruten im Winter als Anhalt.

Dezember	Januar	Februar	März
Wie November.	Kandare.	Kandare. Zum Teil feldmarschmäßig.	Wie Februar.
Pferd. übungen wie Oktober, auch über Bodenricks im Trab.	Gelegentliche Wiederholungen.	Wie Januar.	Wie Januar.
Erstes Traben im Aussitzen mit Bügeln. Schritt mit Bügeln. Galopp ohne Bügel. Schenkelweichen im Schritt. Beginn der Einwirkung. Angaloppieren aus dem Trab. Ganze Parade aus d. Schritt. Häufiges Ausderhandkauenlassen d. Zügel.	Reiten mit Bügeln. Zulegen aus dem Arbeitstrab und -galopp. Angaloppieren a. Schritt nach Volte. Ganze Parade aus dem Trab.	Wiederholungen. Rückwärtsrichten. Mitteltrab. Mittelgalopp. Angaloppieren aus dem Schritt nach Ecke.	Wiederholungen. Kehrtwendungen im Schritt. Wendung auf der Hinterhand. Mehrfaches Angaloppieren aus dem Schritt.

	Oktober	November
Bodenrick = Arbeit, Springen, Geländereiten. Besondere Übungen.	Reiten über Stangen am Boden im Schritt und Trab. Reiten über Bodenricks im Schritt und Trab ohne Bügel mit Ausbindezügeln. Reiten im Rudel im Schritt und Trab mit Bügeln.	Wie Oktober, dazu: Leichtes Klettern, Reiten über unebenen Boden im Rudel im Schritt und Trab mit Bügeln. Springen, nicht über 0,50 m hoch und kleine Gräben hinter Führpferden. Reiten über Bodenricks im Trab mit und ohne Bügel.
Ziel*).		Völlige Losgelassenheit.

Dezember	Januar	Februar	März
Wie Oktober, dazu: Reiten über Bodenricks ohne Ausbindezügel. Galoppieren im Rudel. Klettern und Einzelreiten im Schritt und Trab über unebenen Boden. EinzelnSpringen 0,50 m u. kleine Gräben. Reiten durch Wasser hinter Führpferden. Temporeiten im Schritt und Trab.	Wie Dezember, dazu: Einzeln Galoppieren. Reiten bei Glätte und Schnee. Übergänge aus Marschordnung zum Rudel und zurück. Temporeiten im Galopp.	Wie Januar, dazu: Auf- u. Absprünge, Hangsprünge nicht über 0,50 m hoch). EinzelnWegreiten aus dichterem Rudel. Abrutschen von Hängen und in seichtes Wasser. Streckenritte 5 bis 10 km. Reiten feldmarschmäßig und unter Gasmaske. Waffenübungen. Pferdehalterdienst.	Wie Februar, dazu: Galopp durch Wald und bergab*). Verstärkter Galopp. EinzelnSpringen von kleinen Wassergräben und Hochsprüngen 0,80 m*). Streckenritte mit Hindernissen 10—15 km. Einzeln Reiten bei Nacht.

Schmiegsamer Sitz, richtige Hilfengebung, Beherrschung des Pferdes in den bisher durchgenommenen Übungen.	Vervollkommnung in Sitz und in Beherrschung des Pferdes beim Einzelreiten.

*) Bei Berittenmachung von Rekruten auf Z=Pferden nur bei besonderer Anlage dieser Pferde.

Sobald die Rekruten eine gewisse Sicherheit im Sitz erlangt haben (spätestens nach der zweiten Woche), ist der Reitunterricht zeitweise ins Gelände zu verlegen, wo sich, zumal im Herbst, Gelegenheit bietet, ihn bis zu mehreren Stunden ruhiger Arbeit zu verlängern und andere Ausbildung damit zu verbinden. Durch längere Arbeit im Sattel wird der junge Reiter am schnellsten vertraut und sicher. Im Gelände ist bald mit den „Besonderen Übungen" zu beginnen (s. Abschnitt X).

Auch in den Monaten, in denen die Witterung zu vorwiegender Benutzung der Reitbahn zwingt, müssen die Rekruten wöchentlich mindestens einmal mehrere Stunden im Gelände reiten.

Springen muß so betrieben werden, daß möglichst keine Stürze vorkommen. Man beginnt mit Springvorübungen erst, nachdem die Pferde sich vollkommen losgelassen haben, so daß der Rekrut im Sprung treiben kann. Im Gelände ist auf Benutzung von Führpferden, richtige Abmessungen und einladenden Bau der Hindernisse bei Rekruten noch höherer Wert zu legen als bei anderen Abteilungen.

83. Sitz= und Freiübungen.

Sie sind geeignet, dem jungen Reiter einen sicheren, ungezwungenen, vom Zügel unabhängigen Sitz beizubringen und Sitzfehler zu beseitigen. Sie sind in nicht zu langer Dauer und ruhigem Tempo in der aufgeschlossenen Abteilung zu üben. Die Zügel sind so zu knoten, daß der Reiter beim Hereinfassen in die Zügel sofort die Anlehnung mit dem Pferdemaul gewinnt. Der vorderste Reiter behält die Zügel in der Hand. Herunterfallen ist zu vermeiden.

Folgende Übungen sollen als Anhalt dienen:

a) **Zur Verbesserung des Sitzes:**

Beinheben seitwärts und rückwärts mit gekrümm=
tem Knie und lose herabhängenden Fußspitzen. Die
Übung hat stets von der Grundlage, dem Gesäß,
auszugehen; dazu sind die Oberschenkel bei ge=
rader Haltung des auf dem Gesäß ruhenden Ober=
körpers so weit aus dem Hüftgelenk auseinander=
und zurückzunehmen, daß der Ober= und Unter=
schenkel bei krummem, elastischem Knie möglichst flach
am Pferde Fühlung nimmt.

Abheben eines Beines und Herumdrehen des Ober=
schenkels aus dem Hüftgelenk; dann Zurückstoßen des
flach anliegenden Beines aus dem Hüftgelenk. Die
Fußspitzen hängen lose herab.

b) **Zur Dehnung und Kräftigung der
Bein= und Rückenmuskeln:**

Rumpfbeugen rückwärts, möglichst weit, ohne Ver=
änderung der Schenkellage, also den Oberschenkel
nicht vornehmen. Diese Übung ist nur im Halten
und Schritt zu machen und allmählich so weit zu
steigern, daß die Reiter mit dem Rücken sich auf den
Pferderücken legen können.

c) **Zur Erlangung eines unabhängi=
gen Sitzes und zum Geschmeidigmachen
des Hüftgelenks:**

(Hände in Reitstellung) Kopf= und Rumpfbeugen
seitwärts und vorwärts; Kopf= und Rumpfdrehen,
Kopf= und Rumpfrollen, Schwingen beider Arme
gleichzeitig in großen Kreisen (soweit wie möglich
rückwärts und ohne den Schluß im Reitsitz zu ver=
lieren).

d) **Zur Erlangung unabhängiger Be=
weglichkeit der Unterschenkel und
Füße:**

Bewegen der Unterschenkel im Kniegelenk nach
vorwärts und rückwärts bei möglichst gestreckt und
still am Pferde liegenden Oberschenkeln und gesenkten
Absätzen; Fußrollen.

Eine gute Übung zur Erlangung des geschmei=
digen Gleichgewichtssitzes ist das Werfen und Wieder=
auffangen von Gegenständen, wie Ball oder Mütze,
im Schritt und ruhigen Galopp, später im Trab und
bei der Bodenrickarbeit.

84. Gewandtheitsübungen am lebenden Pferd.

Sie dienen dazu, die reiterliche Gewandtheit zu
fördern. Sie sind mit möglichst allen Rekruten
zu betreiben. Außer bei Kälte wird dazu der Sport=
anzug getragen.

Zu Gewandtheitsübungen zu Pferd eignen sich mit=
telgroße Pferde mit guter Sattellage, starken Beinen,
ruhigem Temperament, aber Vorwärtsdrang.

Zur Ausrüstung gehören:

Gurt mit Handgriffen, Kappzaum, Trense, Aus=
bindezügel, Leine, lange Peitsche.

Das Pferd muß gewöhnt sein, auch ohne Aus=
bindezügel an der Leine zu gehen.

Für eine Übungsstunde einer Abteilung sind zwei
Pferde erforderlich, die sich wechseln, da ein Pferd
nicht länger als 20 Minuten hintereinander im
Galopp an der Leine gehen sollte.

Man beginnt mit den Übungen im Schritt und
Trab, geht jedoch bald zum Galopp über.

Zum Aufsitzen im Gange faßt der Reiter die bei=
den Handgriffe von oben, bleibt dicht am Pferdeleib,
nimmt die Gangart des Pferdes auf, schnellt sich mit

beiden Beinen ab und gleitet in den Reitsitz. Je schneller das Pferd sich bewegt, um so weiter vorn muß der Reiter abspringen und mit den gewinkelten Armen gegenhalten, damit er nicht zu weit hinten auf dem Pferd oder auf dessen anderer Seite landet.

Bild 62.

Gewandtheitsübungen am lebenden Pferd.

Folgende Übungen dienen als Anhalt:

Aufsitzen in den Reit= und Quersitz,

Zusammenschlagen der Beine über den Pferde= rücken,

Schere vor= und rückwärts,

Überspringen des Pferdes von innen und außen,

Knien und Stehen auf dem Pferd.

Zu letzterer Übung dient zuerst ein Hilfszügel, den man am Gurt mit den Enden befestigt.

**85. Erster Unterricht zur Erlangung des Sitzes und
in der Anwendung der Hilfen.**
(Siehe Ziffer 9—13.)

In den ersten Wochen muß der Rekrut das Gleich=
gewicht erlangen und auf dem Pferd Vertrauen be=
kommen. Damit ihm dies nicht durch Herunter=
fallen genommen wird, ist ihm vorübergehend ein
Festhalten an Mähne oder Sattel zu gestatten. Auch
der Gebrauch der Bügel im Trabe sogleich bei Be=
ginn der Ausbildung dient unter anderm diesem
Zweck.

Das Gewinnen des Gleichgewichts wird durch
leichtes Schlußnehmen mit den inneren Flächen der
Oberschenkel und dem flachen Knie unterstützt, ein
Festklemmen mit den Unterschenkeln darf nicht statt=
finden. Ein losgelassener Sitz wird zunächst dadurch
erreicht, daß man den Rekruten ganz natürlich sitzen
läßt und nur darauf hält, daß er die Oberschenkel
im Hüftgelenk weit auseinandernimmt, sie etwas
nach innen herumdreht und die Unterschenkel und
Füße herunterhängen läßt.

Alsdann ist die Grundlage des Sitzes, der Sitz auf
dem vorgeschobenen Gesäß, auszubilden. Demnächst
wird die richtige Lage des Oberschenkels bei tiefem
Knie und dann erst die des Unterschenkels sowie die
Haltung des Oberkörpers gelehrt.

86. Häufig vorkommende Fehler bei der Ausbildung.

Da der Rekrut zunächst ohne Rück=
sicht auf militärische Form die vollste
Geschmeidigkeit erlangen soll, ist
alles zu vermeiden, was zu Ver=
steifungen und Verkrampfungen führt.
Daher ist es falsch, dem Rekruten in den ersten
Wochen den vorschriftsmäßigen Sitz beibringen zu

wollen. Dieses Ziel kann erst nach längerer Aus=
bildung und durch allmähliche Abstellung einzelner
Fehler erreicht werden. Ebenso verfehlt ist es, den
Rekruten bald in der Abteilung mit Abständen reiten
zu lassen, da er, noch unfähig, richtige Hilfen zu
geben, dadurch zum Ziehen am Zügel verleitet wird.
Gehen die Pferde jedoch lange ohne Abstände hinter=
einander, so gewöhnen sie sich dies an und sind später
von den schwachen Reitern auch nur unter vor=
wiegenden Zügelhilfen auf Abstand zu reiten. Es
ist daher das beste, mit ihnen baldigst ins Gelände
zu gehen, wo die Pferde durch rudelweises Gehen
Vorwärtsdrang bekommen, ohne aufeinander auf=
zuprellen, und wo sich Gelegenheit bietet, das Gleich=
gewicht des Reiters durch Reiten über unebenen
Boden zu festigen.

87. Trab= und Bodenrickarbeit.

Bei der Trabarbeit benutzt der Rekrut zunächst
die Bügel. Dabei ist anzustreben, ihm bald das
Leichttraben beizubringen, weil er hierdurch lernt,
sein Gewicht durch Federn im Knie= und Fußgelenk
richtig auf beide Pferdehälften zu verteilen und sich
so den Pferdebewegungen durch Mitgehen in der
Bewegung geschmeidig anzupassen. Sobald die Re=
kruten die erste Steifheit überwunden und gelernt
haben, den Trabbewegungen einigermaßen zu folgen,
wird — im allgemeinen nicht vor Beginn der
3. Woche — auf dem Reitplatz und in der Bahn
auch ohne Bügel getrabt, da sonst die gestreckte Lage
der Beine nicht zu erzielen ist. Im Gelände wird
stets mit Bügeln getrabt. Bodenrickarbeit erzielt
Losgelassenheit und Verbesserung des Reitergefühls.
Sie wird zuerst im Schritt, dann im Arbeitstrab
ohne und mit Bügeln, zunächst mit, dann ohne Aus=

binbezügel ausgeführt. Die Ausbindezügel müssen
dabei so lang sein, daß ein Strecken des Halses mög=
lich ist.

88. Galopparbeit.

Sobald wie möglich ist mit den Refruten der
Galopp zu beginnen, da in dieser Gangart die Er=
haltung des Gleichgewichts und das Vorschieben des
Gesäßes am leichtesten zu erlernen ist. Im Galopp
wird im Gegensatz zum Trab sofort ohne Bügel ge=
ritten. Der Galopp wird anfänglich auf einem
großen Zirkel, und zwar aus dem Schritt entwickelt,
weil der Refrut im Schritt am sichersten sitzt und
schon etwas einwirken kann. Als Hilfe zum An=
galoppieren genügt die Verlegung des Gewichts auf
den inwendigen Gesäßknochen und ein Klopfen mit
dem inwendigen Unterschenkel bei zurückgenomme=
nem äußeren. Der Hauptfehler beim Galoppieren
ist ein klappendes Gesäß. Die Ursache hierfür liegt
in falscher Anspannung der Muskeln und Steif=
machen der Gelenke sowie im Festklemmen der Knie
und Unterschenkel. Der Reitlehrer muß daher auf
völlige Losgelassenheit und gutes, weiches Mitgehen
des Oberkörpers in die Bewegung halten. Der Re=
frut ist darüber zu belehren, wie sich ihm der Rechts=
und Linksgalopp verschieden unter dem Gesäß fühl=
bar macht. Nach etwa vier Wochen beginnt der
Refrut, mit Bügeln zu galoppieren.

89. Erste Einwirkung des Refruten.
(Siehe Ziffern 14 u. 15.)

Um dem Reiter, nachdem er im Sitz befestigt ist,
eine richtige Vorstellung von dem Maß zu geben,
mit der das Pferd am Zügel stehen soll, faßt der
Hilfslehrer oder ältere Reiter die Zügel dicht am
Gebiß an und wirkt auf die Zügelhand des Reiters

ebenso ein, wie es das Pferd bei normaler, also leichter Anlehnung am Mundstück tut. Ist der Reiter derart unterrichtet, so wird er angewiesen, mit seiner Hand in dauernder Verbindung mit dem Pferde= maul zu bleiben.

Wenn der Reiter die Möglichkeiten der einzelnen Hilfen kennengelernt hat, muß er dazu kommen, allmählich auch auf sein Pferd so einzuwirken, daß er die bisher nur durch die Ausbindezügel bewirkte Haltung nunmehr auch durch eigene Einwirkung vorübergehend erhalten und verbessern kann. Auch ist ihm klarzumachen, daß ein durchlässiges und in Haltung gehendes Pferd nicht nur dem Reiter die Annahme des richtigen Sitzes wesentlich erleich= tert, sondern auch aufmerksamer auf die Hilfen ein= geht. Von Anfang an ist ihm einzu= prägen, daß den Schenkel= und Ge= wichtshilfen eine weit wichtigere Rolle zufällt als den Zügelhilfen.

90. Ausbildung vor der Winterabschlußbesichtigung.

Ohne das Ziel der Erhaltung der Geschmeidigkeit aus den Augen zu verlieren, muß der Reitlehrer bei der weiteren Ausbildung mehr auf Genauigkeit der Hufschlagsfiguren, Beherrschung des Pferdes in allen Lagen, auch bei Ungehorsam, und allmählich auch auf eine militärische Haltung größeren Wert legen. Der Reiter muß jetzt dazu erzogen werden, Fehler des Pferdes in Gang und Haltung selbständig durch Anwendung der entsprechenden Hilfen zu verbessern.

Bei Fortgang der Ausbildung im Frühjahr ist der Unterricht vorwiegend in das Gelände zu verlegen. Der Umstand, daß der Rekrut in der Bahn in seiner Haltung noch verbessert werden kann, darf nicht dazu führen, hierin das einzige

Ziel der Ausbildung zu sehen. Vielmehr liegt der Schwerpunkt der Ausbildung nunmehr darin, das Erlernte im Gebrauch zu erhalten und im Gelände zur Anwendung zu bringen.

Die „Besonderen Übungen" treten jetzt mehr und mehr an die Stelle der in Ziff. 82 genannten Rekrutenübungen. Der Stand der Ausbildung hierin kann jedoch entsprechend den klimatischen Verhältnissen Ende März bei Abschluß der Einzelausbildung nur beschränkt sein. Zu diesem Zeitpunkt sind daher die Anforderungen in diesen Übungen im Gelände entsprechend nicht zu hoch zu halten.

91. Reitausbildung während der Verbands- ausbildung.

Mit dem Beginn der Verbandsausbil- dung werden die Rekruten bei den bespannten Ein- heiten im Fahren weitergebildet. Bei den Rekruten der Reiter- und MG.-Schwadronen und Reiterzüge sind die Anforderungen im Reitunterricht im Ge- lände von Woche zu Woche zu steigern, so daß bei ihnen etwa Ende Mai oder in der ersten Junihälfte bei der Schwadrons- usw. Besichtigung der Höhepunkt des praktischen Könnens erreicht ist.

XIII. Mannschaften im 2. Dienstjahr und Unteroffiziere.

92. Die Ausbildung der Mannschaften im 2. Dienst- jahr und der Unteroffiziere ist aus den Ziffern 96 bis 101 (Einteilung in Reitabteilungen) ersichtlich.

XIV. Offiziere.

93. Pferdeberechtigte Oberleutnante und Leutnante.

Alle pferdeberechtigten Oberleutnante und Leutnante nehmen von Anfang November bis Ende März fünfmal in der Woche an einer Offizierreitstunde teil, in der sie ihre Offizierdienstpferde reiten. Unter besonderen Umständen können die Kommandeure ihnen statt dessen einzelne Pferde im 2. Jahr, ausnahmsweise auch ältere Pferde zuteilen.

Der Reitunterricht in dieser Offizierreitstunde entspricht dem Ausbildungsplan für Pferde im 2. Jahr.

Alle pferdeberechtigten Offiziere reiten zwischen dem 3. und 8. Dienstjahr nach ihrer Beförderung während eines Winters eine junge Remonte oder ein Pferd im 2. Jahr ihrer Einheit.

Die Teilnahme von pferdeberechtigten Offizieren an sportlichen Wettbewerben ist erwünscht. Die Kommandeure haben sie dabei zu unterstützen, die Vorbereitung zu überwachen und sich die Genehmigung der Teilnahme an öffentlichen Prüfungen vorzubehalten.

Die Teilnahme an den im Herbst zu veranstaltenden Reitjagden ist für alle pferdeberechtigten Offiziere Dienst.

94. Nicht pferdeberechtigte Oberleutnante und Leutnante.

Für die Reitausbildung nicht pferdeberechtigter Oberleutnante und Leutnante haben die Kommandeure entsprechende Maßnahmen zu treffen.

Soweit sie mit bespannten Einheiten ihrer Waffe im selben Standort liegen, hat die Offizierreitstunde dieser Offiziere mehrmals in der Woche stattzufinden. Die Pferde der Infanterie-Reiterzüge sind hierzu jedoch nicht heranzuziehen.

Die Teilnahme an Reitjagden ist auch für die nicht pferdeberechtigten Offiziere erwünscht; Voraussetzung für die Teilnahme ist jedoch, daß Reiter und Pferde durch sachgemäße Schulung in Geländereitstunden auf die Reitjagden vorbereitet sind, und daß die Anlage dieser Jagden dem Können der Teilnehmer angepaßt ist (Ziff. 43).

95. Offiziere der Kavallerie- und Reiter-Regimenter und reitenden Artillerieabteilungen.

Diese Offiziere sind, soweit sie in der Truppe Dienst tun, über die Anforderung der Ziffer 93 hinaus wie folgt auszubilden:

Oberleutnante und Leutnante reiten in einer zweiten Reitstunde ihre 2. Dienstpferde oder ein besonders hierzu zugeteiltes Dienstpferd oder eigene Pferde. Diese Reitstunde ist vorwiegend zur Hebung der Reitfertigkeit im Gelände, zur Schulung im Springen und zur Heranbildung von Reitlehrern im Gelände auszunutzen.

Da die tägliche Abhaltung beider Reitstunden bisweilen nicht möglich sein wird, ist es Sache der Kommandeure, den Erfordernissen der Reitausbildung der Offiziere durch entsprechende Anordnungen gerecht zu werden. Bisweilen wird es erforderlich sein, eine der beiden Reitstunden auszudehnen. Ausfall der anderen Reitstunde ist dann notwendig.

Für die Offizierkorps sind, falls sie mit andern Waffen im selben Standort zusammenliegen, auch besondere Jagden anzulegen, deren Anforderungen

der Berittenmachung und dem höheren Ausbildungs=
stand dieser Offiziere entsprechen müssen.

In den Monaten November bis März haben die
Kommandeure mehrmals für ihr gesamtes Offizier=
korps reiterliche Übungen im Gelände in Form von
Reitjagden, Geländeritten oder Reitstunden unter
ihrer Aufsicht anzusetzen.

Sämtliche in den Regimentern und Abteilungen
diensttuenden Offiziere nehmen einmal im Jahr an
einem durch ihr Regiment (Abteilung) oder eine
höhere Dienststelle auszuschreibenden Geländeritt teil.
Sie reiten dabei ihre eigenen oder Offizierdienst=
pferde, in Ausnahmefällen mit Genehmigung des
Kommandeurs Dienstpferde. Als Anhalt für die An=
forderungen gelten:

Länge: 6 bis 12 km,
Tempo: 1 km in zwei bis drei Minuten,
10 Hindernisse, 1 m hoch, 3 m breit.

Die Oberleutnante und Leutnante nehmen jährlich
nach den Reitjagden oder anläßlich sportlicher Wett=
bewerbe auf den Übungsplätzen an einigen durch den
Truppenteil anzulegenden Querfeldein=Rennen teil.
Sie sind dabei nach Gewichten in Felder zu trennen
und durch erfahrene Offiziere vorzubereiten.

Die Teilnahme der Offiziere an einem Zweig des
Reitsports durch Bestreitung öffentlicher Prüfungen
ist für die Hebung der Einzelleistungen erwünscht.
Besonders wichtig für die Ausbildung als Reitlehrer
ist die Teilnahme an Vielseitigkeitsprüfungen. Der
Teilnahme an Rennen ist besonders dann Wert bei=
zumessen, wenn der Offizier selbst seine Pferde für die
Rennen vorbereitet. Diejenigen Offiziere, die sich
einem Zweig des Pferdesports widmen, sind in jeder
Beziehung, auch bei etwaigen Rückschlägen, zu unter=
stützen.

Reitvorschrift.   14

Teil E.   Sonderbestimmungen.

XV. Einteilung in Reitabteilungen.

A. Kavallerie.

96.

Abteilung	Reiter	Pferde	Anforderungen und Bemerkungen
Junge Remonten	Unteroffiziere und ältere Mannschaften.	Alle Pferde im 1. Jahr.	Siehe Plan für junge Remonten.
Alte Remonten	Unteroffiziere und ältere Mannschaften.	Alle Pferde im 2. Jahr.	Siehe Plan für Pferde im 2. Jahr.
A	Unteroffiziere und ältere Mannschaften.	Alle Pferde im 3. Jahr und nachzubildende ältere Pferde.	Siehe Plan für Pferde im 2. Jahr.
B	Mannschaften im 2. Dienstjahr, die zur Übernahme als Unteroffizier in Frage kommen.	Gut gerittene ältere Pferde.	Siehe Plan für Pferde im 2. Jahr.
Rekr. 1, 2 usw.	Mannschaften im 1. Dienstjahr.	Gut gerittene Pferde.	Siehe Plan für Rekrutenabteilung.

Abteilung	Reiter	Pferde	Anforderungen und Bemerkungen
C, D usw.	Rest der Reiter.	Rest der Pferde.	Je nach Pferdematerial verschieden. Pferde können von Anfang an auf Kandare gehen. Es muß erreicht werden, daß die Pferde in den Gebrauchstempos u. in der Gebrauchshaltung von einem Durchschnittsreiter beherrscht werden. (Siehe auch Ziff. 53.)

B. Artillerie und Fahrtruppe.
97. Leichte Batterien und Fahrschwadronen.

Abteilung	Reiter	Pferde	Anforderungen und Bemerkungen
Junge Remonten.	Unteroffiziere und ältere Reiter.	Alle Pferde im 1. Jahr und Pferde im 2. Jahr, die der Nacharbeit bedürfen.	Siehe Plan für junge Remonten unter Berücksichtigung der Fußnoten für Z= Pferde.
A	Unteroffiziere und ältere Reiter.	Alle Pferde im 2. Jahr und nachzubildende ältere Pferde.	Siehe Plan für Pferde im 2 Jahr unter Berücksichtigung der Fußnoten für Z= Pferde.

14*

Abteilung	Reiter	Pferde	Anforderungen und Bemerkungen
A 1	Unteroffiziere und ältere Reiter, die zu Reitlehrern ausgebildet werden sollen.	Gut beanlagte Reitpferde im 3. Jahr.	Siehe Plan für Pferde im 2. Jahr ohne Berücksichtigung der Fußnoten für Z-Pferde. Regts. Kdr. kann Zusammenziehung einer solchen Abteilung innerhalb der Art.-(Fahr-) Abteilung unter geeignet. Reitlehrern anordnen.
Rekr. 1, 2 usw.	Mannschaften im 1. Dienstjahr.	Gut gerittene Rekrutenreitpferde.	Siehe Plan für Rekruten.
C, D usw.	Rest der Reiter.	Rest der Pferde. Zum Reiten ungeeignete Pferde sind nicht zu reiten, sondern im Zuge zu arbeiten. Über ihre Arbeit trifft der Batterie- usw. Chef Anordnung.	Je nach Pferdematerial verschieden. Pferde können von Anfang an auf Kandare gehen. Es muß erreicht werden, daß die Pferde in den Gebrauchstempos und in der Gebrauchshaltung von einem Durchschnittsreiter beherrscht werden (siehe Ziff. 53).

98. Schwere Batterien.

Abteilung	Reiter	Pferde	Anforderungen und Bemerkungen
Junge Remonten.	Unteroffiziere und ältere Reiter.	Alle Reitpferde u. schw. Warmblutpferde im 1. Jahr und solche im 2. Jahr, die d. Nacharbeit bedürfen.	Siehe Plan für junge Remonten unter Berücksichtigung der Fußnoten für Z-Pferde. Zusammenfassung in der Art.-Abteilung kann angeordnet werden.
A	Unteroffiziere und ältere Reiter.	Alle Reit- und schweren Warmblutpferde im 2. Jahr und ältere nachzubildende Pferde.	Siehe Plan für Pferde im 2. Jahr unter Berücksichtigung der Fußnoten für Z-Pferde. Zusammenfassung in der Art.-Abteilung kann angeordnet werden.
Rekr. 1 usw.	Mannschaften im 1. Dienstjahr.	Bis Dezember: Gut gerittene Reitpferde und schwere Warmblutpferde. Ab Dezember: Schwere Kaltblutpferde.	Bis Dezember: Siehe Plan für Rekruten. Ab Dezember: Ausbildung auf schweren Kaltblutpferden.

Bei den **schweren Kaltblutpferden** findet eine Trennung zwischen Reit- und Fahrperiode nicht statt. Eine möglichst große Zahl ist im Reiten durch ältere Reiter soweit auszubilden, daß sie als Sattelpferde Verwendung finden können.

Galopp und Springen sind nicht zu üben. Dagegen müssen die schweren Kaltblutpferde im ersten
Jahr in folgenden Übungen ausgebildet und später
darin befestigt werden:

a) Gehorsam auf Zügel= und Schenkelhilfen.
b) Schritt und Trab geradeaus in Gebrauchs=
   haltung. Der Gebrauchstrab liegt bei ihnen
   unter 275 Schritt in der Minute.
c) Wendungen im Gange: Zirkel, durch die Bahn
   wechseln.
d) Paraden, Rückwärtsrichten.
e) Wendungen auf der Vorhand, seitliches Ver-
   schieben der Pferde durch Teilwendungen auf
   der Vor= und Hinterhand.

C. Infanterie, Nachr.=Truppe und Pioniere.
99. M. G. Kp., J. G. Kp., Fsp. Kp.

Abteilung	Reiter	Pferde	Anforderungen und Bemerkungen
A	Unteroffiziere und ältere Reiter.	Alle Pferde im 2. Jahr und nachzubil= dende ältere Pferde.	Siehe Plan für Pferde im 2. Jahr unter Be= rücksichtigung der Fußnoten für Z= Pferde. (Die Pferde haben die Ausbildung im 1. Jahr bei einer Re= monteschule durch= gemacht.)
Refr. 1 u. 2.	Mannschaften im 1. und 2. Dienstjahr.	Gut gerittene Rekruten= reitpferde.	Siehe Plan für Re= kruten.

Abteilung	Reiter	Pferde	Anforderungen und Bemerkungen
C	Rest der Reiter.	Rest der Pferde. Zum Reiten ungeeignete Pferde sind nicht zu reiten, sondern im Zuge zu arbeiten. Über ihre Arbeit trifft der Komp.-Chef Anordnungen.	Je nach Pferdematerial verschieden. Pferde können von Anfang an auf Kandare gehen. Es muß erreicht werden, daß die Pferde in den Gebrauchstempos und in der Gebrauchshaltung von einem Durchschnittsreiter beherrscht werden (s. Ziff. 53).

100. Infanteriereiterzüge.

Bei den Infanteriereiterzügen hat eine solche Einteilung in Abteilungen stattzufinden, daß das Endergebnis der Reitausbildung sowohl bei der Winterabschlußbesichtigung wie bei der Kompaniebesichtigung im Frühjahr (Ziffer 91 und 102) den an Kavallerie zu stellenden Anforderungen entspricht. Von einer Heranziehung ihrer Pferde zu andern Reitkursen ist daher Abstand zu nehmen. Von den älteren Mannschaften ist etwa die Hälfte nach Art der Abteilung B der Kavallerie auszubilden (Ziffer 96).

101. Pionierkompanien.

Die Reitpferde der Pionierkompanien sind im Bataillon zu einer Abteilung zusammenzufassen. Die Anforderungen sind je nach Alter und Anlagen der Pferde einzeln abzustufen.

XVI. Besichtigungen.

102. Die Regiments= bzw. Abteilungs= und Ba=
taillonskommandeure haben zu besichtigen:

1) Alle Abteilungen mit Ausnahme junger Remon=
ten zwischen Anfang März und Ende
April in der Bahn und (bespannte Einheiten:
oder) im Gelände, Rekruten auf dem Reitplatz und
(bespannte Einheiten: oder) im Gelände. Dabei
sollen alle reiterlichen Übungen verlangt werden, die
gemäß Ausbildungsplänen bis zu diesem Zeitpunkt
gefordert werden;

2) bei den Kavallerie= und Reiter=Regimentern
und Reiterzügen der Infanterie alle Reiter (reitenden
Art.=Abteilungen die Batterietrupps und Geschütz=
bedienungen), außerdem in den Zügen Ende Mai
oder Juni im Gelände, u. U. auf dem Truppen=
übungsplatz. Diese Besichtigung ist zeitlich in die
Besichtigung der übrigen Zweige der Schwadrons=
usw. Besichtigung einzugliedern. Hierbei sind vor
allem die besonderen reiterlichen Übungen zu be=
tonen (siehe Ziffer 91).

In derselben Zeit sind zu besichtigen:

Junge Remonten aller Waffen, soweit sie in der
Truppe ausgebildet werden, in der Bahn oder auf
dem Reitplatz und im Gelände,

Packpferde,

3.=Pferde in der Zugausbildung gem. Fahrvor=
schrift 1935/36, Heft 2 und 3. Die jungen Remonten
werden in der Zugausbildung nicht besichtigt. (Siehe
Fahrv. 1935/36, Heft 2 Nr. 3.)

Während des Winters und zwischen den beiden Besichtigungen 1 und 2 hat der Kommandeur die Gleichmäßigkeit der Reiterausbildung und die Geeignetheit der Reitlehrer durch gelegentliches Beiwohnen beim Dienst zu überprüfen.

Bei den Reiter= und MG.=Schwadronen der Kavallerie und den Reiterzügen der Infanterie ist außerdem alljährlich das Schwimmen am Pferd zu besichtigen.

Berlin, den 18. 8. 1937.

Der Oberbefehlshaber des Heeres:

Frhr. v. Fritsch.

Sachverzeichnis.

Ernst Siegfried Mittler und Sohn, Buchdruckerei, Berlin SW 68.